2024

Abitur

Original-Prüfungsaufgaben
mit Lösungen

Schleswig-Holstein

Englisch

STARK

17. neu bearbeitete Auflage
www.stark-verlag.de

Inhalt

Übungsaufgaben zum Sprechen

Abiturprüfungen

Sollten nach Erscheinen dieses Bandes noch wichtige Änderungen im Zentralabitur 2024 vom Bildungsministerium Schleswig-Holstein bekannt gegeben werden, finden Sie aktuelle Informationen dazu auf der Plattform MyStark (Zugangsdaten vgl. Umschlaginnenseite).

Autorinnen und Autoren:
Aufgaben mit Videoanleitung: Redaktion
Übungsaufgaben zum Schreiben: Birte Bökel (ÜA 1), Birgit Holtwick (ÜA 2 bis 4)
Übungsaufgaben zum Sprechen: Birte Bökel
Lösungen der Abitur-Prüfungsaufgaben: Birte Bökel, Henning Christiansen, Robert Klimmt (Mediation 2018 und 2022 sowie Textaufgabe 4 2022), Rainer Jacob (Mediation 2021)

Vorwort

Liebe Schülerinnen, liebe Schüler,

bald werden Sie Ihre zentrale Abiturprüfung im Fach Englisch ablegen. Wir begleiten Sie auf Ihrem Weg zu einem guten Abschluss und helfen Ihnen, sich mit den Anforderungen des zentralen Abiturs in Schleswig-Holstein vertraut zu machen.

Dieser Band bietet Ihnen verschiedene Möglichkeiten, sich gezielt auf die Abiturprüfung im Fach Englisch vorzubereiten:

- Die **Hinweise und Tipps zum Zentralabitur** lenken den Blick auf die Hauptschwierigkeiten der Abiturprüfung und helfen Ihnen, Inhalt und Form der Klausuren besser zu verstehen.
- Die **Übungsaufgaben zum Schreiben** zeigen Ihnen zum einen mögliche Aufgabenstellungen, die Ihnen in Ihrer Abiturprüfung begegnen könnten, zum anderen widmen sie sich inhaltlichen Aspekten der beiden **Themenkorridore** „The Individual and Society“ sowie „Global Chances and Challenges“.
- Zusätzlich enthält dieser Band zwei **Übungsaufgaben**, die Ihnen Anregungen für die Vorbereitung auf die **Sprechprüfung** bieten. Sie können damit sowohl das monologische als auch das dialogische Sprechen trainieren.
- Neben den **Original-Mediationsaufgaben der Abiturprüfungen 2018 bis 2022** finden Sie für die Jahre **2021 und 2022 komplett ausgearbeitete Aufgabensets**. Auch wenn diesen noch andere Themenkorridore zugrunde lagen, können Sie sich hier dennoch ein realistisches Bild von der Länge und Schwierigkeit von Prüfungstexten verschaffen.
- Zu allen Aufgaben gibt es ausführliche **Musterlösungen und Bearbeitungshinweise**. Bei der Arbeit mit diesen können Sie viele sprachliche und methodische Anregungen für Ihre eigene Prüfung sammeln. Bedenken Sie aber, dass es sich bei den Musterlösungen um Texte handelt, die bewusst möglichst viele denkbare Aspekte abdecken und von *native speakers* Korrektur gelesen wurden. Sie sollen also eine Optimallösung darstellen und kein Bild davon vermitteln, was in einer Prüfungssituation zwingend erwartet wird.

Schon jetzt wünschen wir Ihnen viel Erfolg bei Ihren Abiturprüfungen.

Birte Bökel, Henning Christiansen

Hinweise zu den digitalen Zusätzen

Auf alle digitalen Zusätze können Sie online über die Plattform **MyStark** zugreifen. Ihren persönlichen Zugangscode finden Sie auf der Umschlaginnenseite, vorne im Buch.

Kurzgrammatik

Mit der Kurzgrammatik können Sie sich eine knappe und verständliche Übersicht über die wichtigsten Themenfelder der englischen Grammatik herunterladen. Schlagen Sie hier die Grammatikregeln zu Fehlern nach, die Sie noch häufig machen.

Lernvideos

Textaufgaben sind Teil vieler Prüfungen und Klausuren – und machen oft einen Großteil der Prüfungsleistung aus. Mithilfe der **Lernvideos zum richtigen Umgang mit Textaufgaben** können Sie sich optimal auf die Anforderungen in diesem Bereich vorbereiten. Am Beispiel von zwei Texten mit je drei Aufgabenstellungen wird gezeigt, wie man an eine Textaufgabe herangeht und sie erfolgreich löst.

Die Lernvideos beinhalten:

- **Schritt-für-Schritt-Anleitungen** zum richtigen Vorgehen in der Prüfung
- **Sachtext** und **literarischer Text** als Grundlage
- nützliche Hinweise zu **häufigen Operatoren** und **Zieltextsorten**

Die in den Videos behandelten Texte und Aufgaben sind im Kapitel „**Lernvideos zur Textaufgabe**" (V 1 bis V 6) abgedruckt. Hier können Sie sich schon einmal einen Eindruck verschaffen, worum es in den Videos geht.

Interaktives Training

Im **Online-Training „Basic Language Skills“** erhalten Sie Zugriff auf zahlreiche **interaktive Aufgaben** zu Grundlagen wie **Hörverstehen**, **Leseverstehen** und **Sprachverwendung im Kontext**. Dies sind ganz wichtige „Basics“, die Sie für eine gute Sprachbeherrschung brauchen.

Das interaktive Training bietet Ihnen:

- **„Listening“** – authentische Audiodateien mit vielfältigen Aufgaben, die Ihr Hörverstehen testen
- **„Reading“** – abwechslungsreiche Lesetexte und dazugehörige Aufgaben
- **„English in Use“** mit gemischten Aufgaben rund um den Gebrauch der englischen Sprache
- Alle Aufgaben können Sie direkt am PC oder Tablet bearbeiten und erhalten sofort eine Rückmeldung zu Ihren Antworten.

Web-App „MindCards“

Mit der Web-App **„MindCards“** können Sie am Smartphone Vokabeln lernen. Auf diesen interaktiven Karteikarten finden Sie hilfreiche Wendungen, die Sie beim Schreiben von Texten oder im mündlichen Sprachgebrauch einsetzen können.
Scannen Sie einfach die QR-Codes oder verwenden Sie folgende Links, um zu den „MindCards“ zu gelangen:
https://www.stark-verlag.de/mindcards/writing-2
https://www.stark-verlag.de/mindcards/speaking-2

Writing

Speaking

Hinweise und Tipps zum Zentralabitur Englisch in Schleswig-Holstein

Die zentrale Abiturprüfung in Schleswig-Holstein

In Schleswig-Holstein findet die Abiturprüfung in den Kernfächern der Profiloberstufe in Form des Zentralabiturs statt. Das bedeutet, dass die Aufgaben einheitlich für das ganze Bundesland gestellt und jeweils am gleichen Tag und zur gleichen Zeit von allen Prüflingen bearbeitet werden. Dabei dürfen Sie als Prüfling zwischen zwei unterschiedlichen Aufgaben wählen, wobei ein literarischer und ein nicht literarischer Text zur Auswahl stehen, die sich je einem der beiden Themenkorridore *(The Individual and Society* und *Global Chances and Challenges)* zuordnen lassen.
Neben der Textaufgabe müssen die Prüflinge eine Sprachmittlungsaufgabe (Mediation) bearbeiten. Hier haben Sie keine Auswahlmöglichkeit, es wird nur eine Sprachmittlungsaufgabe gestellt. Die **Sprechprüfung** bildet den dritten Teil Ihrer Prüfung.
Die Abiturvorbereitung im Englischunterricht stützt sich auf den Lehrplan Englisch, der wesentliche Unterrichtsinhalte und -methoden festlegt. Für die sechs Halbjahre der Oberstufe sind folgende, in ihrer Reihenfolge schulintern festgelegte **Themen** vorgeschrieben:

- Spracherwerb
- *English in action* (z. B. Reisen, Arbeit, Lernen)
- Regionale Identitäten (z. B. Demokratie, Einwanderung)
- Individuum und Gesellschaft (z. B. Geschlechterrollen, Lebenswege)
- Globalisierung und globale Herausforderungen (z. B. Umweltthemen, Technik)
- Kunst und Literatur

Im Zentralabitur gibt es vom Bildungsministerium festgelegte **Themenkorridore**, die die Prüfungsthemen für Sie eingrenzen. Für das **Abitur 2024** gelten folgende Themenkorridore, die innerhalb der oben genannten Kursthemen bearbeitet werden müssen:
The Individual and Society und ***Global Chances and Challenges***

Thema I: *The Individual and Society*

Hier geht es um das Spannungsfeld zwischen individueller Entfaltung und gesellschaftlicher Verantwortung, in dem jeder Mensch sich bewegt. Gerade auch im Hinblick auf die Diversität, die Kennzeichen aller modernen Gesellschaften ist, werden unterschiedliche Herausforderungen des menschlichen Zusammenlebens thematisiert.
Folgende Themenschwerpunkte sollen behandelt werden:

- Fragen der Identitätsbildung: Ziele und Herausforderungen, Konformität vs. Individualismus
- Gesellschaftliche Chancen und Herausforderungen: Ethnische, kulturelle und soziale Vielfalt, Geschlechterfragen

Thema II: *Global Chances and Challenges*

In unserer heutigen von der Globalisierung geprägten Welt sehen wir uns einer Vielfalt von Risiken ausgesetzt, mit denen es den richtigen Umgang zu finden gilt. Gleichzeitig bietet die globale Vernetzung viele Chancen, wie die Welt friedlicher, gerechter und nachhaltiger organisiert werden könnte.
Folgende Themen stehen im Zentrum:

- Der Weg zu mehr sozialer, ökologischer und ökonomischer Gerechtigkeit und Nachhaltigkeit
- Internationale Beziehungen: Konflikte und Kooperation, Friedenssicherung, Migrationsbewegungen

Sicherlich sehen Sie, dass diese Themen wortwörtlich von nur einem Teil der Halbjahresthemen abgedeckt werden, sich aber unterschiedlichste Aspekte daraus allen Themengebieten zuordnen lassen. Es gibt auch keine vorgegebene, einheitliche Literaturliste, die Sie auf das Abitur vorbereitet. Deshalb sollten Sie die im Unterricht behandelten Inhalte im Hinblick auf die oben aufgeführten Stichpunktsammlungen noch einmal detailliert wiederholen.

Bei der inhaltlichen Vertiefung und Wiederholung der Themen des Oberstufenlehrplans unterstützt Sie unter anderem unser ***AbiturSkript Englisch*** (Best.-Nr. 10546S1).

Wie sieht eine Abiturprüfungsaufgabe aus?

Die Kultusministerkonferenz hat in den „Bildungsstandards für die Allgemeine Hochschulreife" die Form der Abiturprüfungsaufgaben für ganz Deutschland einheitlich festgelegt. Es werden aber nicht alle in den Bildungsstandards beschriebenen Aufgaben auch in jedem Bundesland eingesetzt; aus der großen Vielfalt der möglichen Aufgaben werden einige ausgewählt und in Rahmenrichtlinien für das jeweilige Bundesland festgelegt.
Die Abiturprüfungsaufgabe in Schleswig-Holstein besteht aus drei Teilen: der Mediation, der Schreibaufgabe und der Sprechprüfung.

Mediation (Sprachmittlung)

Ihnen werden ein oder zwei deutsche Ausgangstexte vorgelegt, deren Inhalt Sie unter Berücksichtigung spezifischer Vorgaben auf Englisch wiedergeben sollen. Sie erhalten dazu eine Aufgabenstellung, die sowohl den inhaltlichen Rahmen als auch das Zielpublikum des zu erstellenden fremdsprachigen Textes vorgibt. Als Richtwert gilt, dass ein Ausgangstext von etwa 650 Wörtern auf einen Aufsatz von circa 250 Wörtern komprimiert wird.

Textaufgabe (Schreiben)

Als **Textaufgabe** sind in den schleswig-holsteinischen Rahmenrichtlinien **zwei verschiedene Aufgabentypen** vorgesehen:

Aufgabentyp I (ausschließlich schriftliche Vorlagen)

- Literarische Texte (z. B. Gedichte, Liedtexte, Auszüge aus Romanen, Kurzgeschichten, Dramen)
- Sachtexte (z. B. journalistische Texte, Berichte, Essays)

Die vorgelegten Texte weisen in der Regel eine Länge von 700–1 000 Wörtern auf. Es können unter Umständen auch mehrere Texte vorgelegt werden, die zusammen ebenso zwischen 700 und 1 000 Wörter umfassen. Sollte Ihnen ein längerer Text vorgelegt werden, so wird die höhere Wortzahl durch eine geringere Textkomplexität, ausführlichere Wortangaben/Worterklärungen o. Ä. ausgeglichen.

Aufgabentyp II (schriftliche und nicht schriftliche Vorlagen)
Hier können neben schriftlichen Quellen auch audio-visuelle Produktionen und bildliche Darstellungen vorliegen. Dabei ist eine Verbindung mehrerer Vorlagen möglich, wobei die Vorlagen dann in der Regel auch thematisch verknüpft sind. Der Umfang der Texte ist bei diesem Aufgabentyp weniger streng geregelt, audio-visuelle Produktionen und Hörtexte dürfen nicht länger als fünf Minuten sein.

Die Materialien dienen als Grundlage für die Aufgabenstellung, die in der Regel aus drei Teilaufgaben besteht, wobei für die dritte Teilaufgabe eine Auswahl zwischen einer Aufgabe mit Rückbezug zum Text und einer mit Rückbezug zum Thema getroffen werden kann. Die Teilaufgaben sind so gestaltet, dass sie die drei folgenden, in den Bildungsstandards näher beschriebenen Anforderungsbereiche abdecken

Bei den Aufgaben im **Anforderungsbereich I** (Reproduktion/Textverstehen) sollen Sie darlegen, **was** im Text gesagt wird. Hier ist Ihr Leseverständnis gefragt. Manchmal muss auch nur ein Teilaspekt des Textes wiedergegeben werden. Im Anforderungsbereich I geht es um die Wiedergabe von Sachverhalten in Ihren eigenen Worten. Hier werden normalerweise keine Textbelege erwartet und vor allem keine Deutungen und Interpretationen. Typische Arbeitsaufträge (Operatoren) für Anforderungsbereich I sind die folgenden:

Arbeitsauftrag	**Definition**	**Beispiel**
delineate	einen Sachverhalt ausführlich und verständlich darstellen	*Delineate the effects of the narrator's religious beliefs on her career.*
describe	eine genaue Beschreibung einer Person oder eines Sachverhalts anfertigen	*Describe her relationship to her sister.*
outline	die Hauptmerkmale oder wesentlichen Elemente eines bestimmten Sachverhalts wiedergeben	*Outline the Prime Minister's plan for the economic crisis.*
point out	die Hauptaspekte eines Sachverhaltes kurz und knapp aufzeigen	*Point out the author's arguments against the use of social media.*
portray	eine Person oder einen Sachverhalt präsentieren	*Portray the speaker.*
sketch	eine Person oder einen Sachverhalt in Grundzügen beschreiben	*Sketch the president's ideas as presented in the text.*
state	wesentliche Punkte nennen	*State the reasons that motivated Lena to apply for the job.*
summarise, sum up	eine Zusammenfassung einer Textvorlage erstellen, die wichtigsten Aussagen aus einem Text herausfiltern	*Summarise what happened on the day of the excerpt.*

Die Aufgaben im **Anforderungsbereich II** (Reorganisation/Analyse) zielen dagegen darauf ab, darzustellen, **wie** die Textaussage vermittelt wird. Es kann z. B. nach der Struktur, nach der Textsorte (z. B. Zeitungsartikel) oder nach der Wirkung auf die Leser*innen gefragt werden. Hier sind Textzitate also meist zwingend erforderlich, um anhand von aussagekräftigen Beispielen zu belegen, wie ein bestimmter Effekt zustande kommt. Folgende Arbeitsaufträge sind denkbar:

Arbeitsauftrag	**Definition**	**Beispiel**
analyse, examine	eine detaillierte Analyse des Textes anfertigen	*Analyse the President's views on terrorism.* *Examine the author's use of language.*

characterise/ give a characterisation	eine Person oder einen Sachverhalt charakterisieren	*Characterise Peter's behaviour towards George.*
compare	vergleichen und dabei Parallelen bzw. Unterschiede herausstellen	*Compare X and Y's views on capital punishment.*
contrast	zwei Aspekte miteinander vergleichen, um herauszustellen, wie unterschiedlich sie sind	*Contrast the behaviour of the two main characters.*
explain	einen Sachverhalt unter Berücksichtigung seiner Ursachen erklären	*Explain Prospero's behaviour towards Miranda.*
illustrate	etwas anhand von Beispielen verdeutlichen	*Illustrate how the author manages to create suspense.*
interpret	die Aussage eines Textes, einer bildlichen Darstellung o. Ä. individuell deuten	*Interpret the message the author wishes to convey.*
relate	mehrere Sachverhalte miteinander in Verbindung bringen	*Relate the statistics to the interview.*

Bei den Aufgaben im **Anforderungsbereich III** (Werten/Gestalten) sind Sie **persönlich gefragt**. Hier wird entweder eine begründete Meinungsäußerung oder eine kreative Leistung gefordert. Diese kann beispielsweise darin bestehen, dass Sie einen Brief oder eine Rede verfassen oder dass Sie sich einen alternativen Schluss bzw. eine Fortsetzung zu einer Geschichte ausdenken.
Sie haben für die dritte Teilaufgabe zwei Aufgaben zur Auswahl: eine, die sich auf das Material der Textaufgabe bezieht, und eine mit Rückbezug zum Thema insgesamt. Folgende Operatoren sind für diesen Anforderungsbereich typisch:

Arbeitsauftrag	**Definition**	**Beispiel**
assess	einen Sachverhalt durchleuchten, sich ein Urteil bilden	*Assess the influence of video games on children.*
comment on	die eigene Meinung darstellen und mit Argumenten belegen	*Comment on the author's view that globalisation is a blessing.*
continue	einen vorhandenen Text ergänzen	*Continue the story with a special focus on Mark's possible reaction.*
discuss	Argumente gegenüberstellen und begründet Stellung beziehen	*Discuss the implications of global warming as presented in the text.*
evaluate	einen Sachverhalt beurteilen	*Evaluate the effectiveness of the measures against climate change.*
transform	eine Vorlage in etwas anderes umformen	*Transform the text into a scene from a play.*
write (+ text form)	einen Text nach textsortenspezifischen Vorgaben schreiben	*Write a letter to the editor.*

Sprechprüfung

Wenn Sie im Kernfach Englisch schriftlich Abitur machen, müssen Sie auch eine Sprechprüfung ablegen. Diese soll Ihre sprachlichen, kommunikativen und argumentativen Fähigkeiten überprüfen. Sie findet an einem gesonderten Termin und in der Regel in Zweiergruppen statt. Nur in Ausnahmefällen werden Dreiergruppen gebildet. Die Partner*innen werden einander zugelost. Die Prüfung dauert 20 Minuten, bei Dreierprüfungen entsprechend etwa 30 Minuten. Sie besteht aus zwei Teilen: einem monologischen und einem dialogischen Teil. Im monologischen Teil erhalten Sie einen Sprechimpuls, der durch Material gestützt werden kann (z. B. ein Zitat oder ein Bild), zu dem Sie fünf Minuten spontan frei sprechen sollen. Sie und Ihr*e Prüfungspartner*in erhalten unterschiedliches Material und sprechen nacheinander. Anschließend erhalten alle Prüflinge einen Sprechimpuls zu einem neuen Thema. Sie sollen nun gemeinsam einen zehnminütigen Dialog führen, in dem Sie Position zum Impuls beziehen, Argumente vorbringen und abwägen, sowie eine Einigung über den vorgegebenen Sachverhalt erzielen. Es sind keine Hilfsmittel zugelassen.
Achten Sie im Dialog darauf, dass Sie sachbezogen argumentieren und aufeinander eingehen. Ihre Redeanteile sollten in etwa ausgeglichen sein, es sollte also kein Prüfling das Gespräch dominieren – im Gegenteil wird es positiv vermerkt, wenn Sie Ihr Gegenüber ins Gespräch einbinden. In beiden Teilen der Prüfung ist es wichtig, dass Sie strukturiert und flüssig sprechen.
Die Inhalte der Sprechprüfung ergeben sich aus den Themenbereichen der Fachanforderungen Sekundarstufe II (vgl. die Lehrplanthemen auf S. I).

Typische Teilaufgaben

Mediation

Mit der Mediationsaufgabe sollen Sie nachweisen, dass Sie Informationen in einer vorgegebenen Situation und auf eine bestimmte Zielgruppe abgestimmt vom Deutschen ins Englische übermitteln können. Die Ausgangsinformation umfasst in der Regel maximal 650 Wörter und soll innerhalb von 60 Minuten auf ca. 250 Wörter komprimiert werden. Da die Übertragung in einen Kontext eingebunden ist, wird unter Umständen auch Ihr interkulturelles Wissen geprüft. Das Thema des Textes muss nicht den Themenkorridoren entsprechen und wird daher häufig aktuelle Probleme aus deutschen Medien aufgreifen.
Ihnen wird bei diesem Aufgabentyp nur eine Aufgabe gestellt. Sie haben hier also keine Wahlmöglichkeit. Als Hilfsmittel stehen Ihnen ein- und zweisprachige Wörterbücher zur Verfügung.
Im Idealfall lesen Sie den Text zweimal und markieren beim zweiten Lesen die für die Lösung der Aufgabe relevanten Textstellen. Wörter, deren englische Entsprechung Sie nicht kennen, sollten Sie nur dann nachschlagen, wenn Sie es für absolut notwendig erachten, sie in Ihren englischen Text zu übernehmen. Wichtig ist, dass Sie den Text nicht wörtlich übersetzen. Vielmehr sollen Sie die gefragten Informationen heraussuchen und neu strukturiert in der Fremdsprache wiedergeben. Die Aufga-

be wird so gestellt sein, dass nicht alle im Text enthaltenen Informationen in Ihrer Lösung wiedergegeben werden müssen.

Leseverständnis

In Anforderungsbereich I wird Ihr Leseverstehen geprüft. Dabei sollen Sie – unter Beachtung der jeweiligen Aufgabenstellung – die wichtigsten Informationen zu einem Aspekt des Textes oder die Hauptaussage der Textvorlage herausarbeiten. In der Abiturprüfung geht es darum, zu überprüfen, ob Sie den Text verstanden haben und in der Lage sind, ihn in eigenen Worten adäquat wiederzugeben. Erfahrungsgemäß wird der Arbeitsauftrag so formuliert sein, dass Sie sich in Ihrer Lösung auf einen bestimmten Aspekt des Ausgangstextes konzentrieren müssen.
Beim Anfertigen Ihrer Lösung gilt es, einige Regeln zu beachten:

- Lesen Sie die Aufgabenstellung genau, um herauszufinden, welche Textinhalte Sie in Ihrer Lösung in eigenen Worten wiedergeben sollen.
- Arbeiten Sie die für die Aufgabenstellung relevanten Informationen aus dem Text heraus und strukturieren Sie diese.
- Benutzen Sie beim Schreiben Ihre eigenen Worte und vermeiden Sie Zitate.

Analyse eines Sachverhalts

Für diesen Teilbereich Ihrer Arbeit gibt es eine wesentlich größere Auswahl an Aufgabenstellungen als für den Bereich des Leseverständnisses. Dennoch finden sich auch für diesen Teil der Arbeit einige Regeln, die es zu beachten gilt:

- Markieren Sie zur Beantwortung der Frage relevante Textstellen. Dies vereinfacht den Umgang mit dem Text und spart Ihnen Zeit.
- Beginnen Sie Ihre Antwort, indem Sie die Frage umformulieren, um so sicherzustellen, dass Sie sie richtig verstanden haben.
- Benutzen Sie soweit möglich Ihre eigenen Worte, ohne dabei auf die Schlüsselbegriffe aus dem Text zu verzichten. Fügen Sie gegebenenfalls kurze Zitate an, um Ihre Ausführungen zu illustrieren. Dabei kommen Ihnen im Hinblick auf den Textzugriff wiederum die Textmarkierungen zugute.
- Schreiben Sie im *present tense*.
- Fügen Sie keine Informationen hinzu, die nicht aus dem Text hervorgehen.
- Sammeln Sie niemals bloße Listen mit sprachlichen Mitteln oder anderen Textbesonderheiten, sondern verbinden Sie alle Ihre Fundstücke immer mit einer größeren Aussageabsicht bzw. der Beantwortung der Fragestellung aus dem Arbeitsauftrag.

Mögliche Aufgabenstellungen wären:

- *Explain the dramatic development in the text.*
- *Analyse the author's attitude towards this trend.*
- *Examine the means and strategies the author employs to convince the readers that the scientists' research is relevant, innovative and challenging.* (vgl. S. 2021-34)

Persönliche Stellungnahme

Eine der Auswahlaufgaben im Anforderungsbereich III verlangt in der Regel, dass Sie einen Sachverhalt bewerten oder diskutieren. Ihre Argumentation sollte in sich schlüssig und inhaltlich nachvollziehbar sein und sich außerdem auf den vorgegebenen Kontext beziehen. Es geht in der Prüfung nicht darum, Ihre persönliche Meinung zu bewerten, sondern Ihre Argumentation und die Art, wie Sie zu Ihrem Urteil gelangen.

- Sammeln Sie in einem Brainstorming Ideen zur Aufgabenstellung. Da sie normalerweise in einem mehr oder weniger engen Zusammenhang zu dem Text steht, den Sie schon für die Teilaufgaben 1 und 2 bearbeitet haben, werden Sie inhaltlich schnell ins Thema finden.
- Stellen Sie Argumente für Ihre Meinung und mögliche Gegenargumente einander gegenüber und entkräften Sie die Gegenargumente.
- Finden Sie einen sinnvollen Aufbau für Ihren Text. Im Folgenden haben wir Beispiele für eine mögliche Struktur aufgeführt, die Sie an die jeweilige Aufgabenstellung anpassen müssen:

1. a) Schreiben Sie eine Einleitung, in der Sie Ihre eigene Meinung darstellen.
   b) Liefern Sie die Argumente, die Ihrer Meinung zuträglich sind *(pros)*.
   c) Nennen Sie Gegenargumente *(cons)* und entkräften Sie diese.
   d) Ziehen Sie Ihre Schlussfolgerung *(evaluation of pros and cons; opinion repeated)*.
2. a) Schreiben Sie eine Einleitung, in der Sie Ihre eigene Meinung darstellen.
   b) Nennen Sie Ihrer Meinung entgegenstehende Argumente *(cons)*.
   c) Stellen Sie Argumente für Ihre eigene Meinung *(pros)* dar und entkräften Sie damit die zuvor genannten Gegenargumente.
   d) Ziehen Sie Ihre Schlussfolgerung *(evaluation of pros and cons; opinion repeated)*.
3. a) Schreiben Sie eine Einleitung, in der Sie Ihre eigene Meinung darstellen.
   b) Stellen Sie Argumente und Gegenargumente einander gegenüber.
   c) Ziehen Sie Ihre Schlussfolgerung *(evaluation of pros and cons; opinion repeated)*.

Machen Sie Absätze zwischen Sinnzusammenhängen, um das Lesen zu vereinfachen. Außerdem zeigen Sie so, dass Sie in der Lage sind, Ihren Text zu strukturieren.
Beispiel für eine mögliche Aufgabenstellung:
Discuss if it makes sense for individuals to act in a more environmentally friendly way if they are likely "to suffer chronically due to someone else's bad habit" anyway. (vgl. ÜA 3 zum Schreiben)

Kreativ-produktive Aufgabe

Die zweite Auswahlaufgabe im Anforderungsbereich III wird üblicherweise Ihre textgestalterischen Fähigkeiten überprüfen. Sie müssen Ihre Lösung hier also immer in einer bestimmten Textsorte (z. B. einer Rede, einem Artikel, einem Blogeintrag,

einem Leserbrief oder einem Tagebucheintrag) und gegebenenfalls auch aus der Perspektive einer bestimmten (fiktiven) Person verfassen. Bemühen Sie sich, glaubwürdig zu erscheinen. Das können Sie nur erreichen, wenn Sie sich in die Person bzw. Situation hineinversetzen. Dabei sollten Sie sich auf einem von Fall zu Fall unterschiedlichen, angemessenen Sprachniveau bewegen. Handelt es sich um eine E-Mail unter Gleichaltrigen oder eine Meldung aus der Tageszeitung? Während im erstgenannten Fall durchaus umgangssprachliche Formulierungen erlaubt, ja sogar erwünscht sind, sollten Sie in einem (Fach-)Artikel auch einen eher gehobenen Sprachstil verwenden. Sollen Sie eine Fortsetzung zu einem literarischen Text schreiben, versuchen Sie sich – was Stil und Erzählperspektive angeht – am Original zu orientieren. Kommt im Text z. B. häufig wörtliche Rede vor, so bauen Sie diese ebenfalls in Ihren Text ein. Nutzen Sie Ihre Möglichkeiten, seien Sie kreativ.
Beispiel für eine mögliche Aufgabenstellung:
As an inhabitant of a small Pacific Island, you have been invited to attend an international youth conference. There you take part in a debate on the consequences of climate change. Write an opening statement in which you demand developed countries adopt a less energy-intensive lifestyle. (vgl. ÜA 3 zum Schreiben)

Bewertung der Prüfungsarbeit

Die Textaufgabe Ihrer Prüfung wird zum einen nach inhaltlichen, zum anderen nach sprachlichen Kriterien bewertet. Bei der **inhaltlichen** Bewertung wird untersucht, inwieweit Sie den Text verstanden und die Aufgabenstellung erfüllt haben. Außerdem wird beurteilt, ob Sie Ihr Vorwissen adäquat eingebracht haben und ob Ihre Argumentation schlüssig ist. Der Inhalt jeder Teilaufgabe wird zunächst einzeln benotet, anschließend wird anhand der prozentualen Gewichtung der einzelnen Teilaufgaben Ihre inhaltliche Gesamtnote errechnet. Was Ihre **sprachliche Leistung** angeht, werden alle drei bearbeiteten Teilaufgaben gemeinsam bewertet. Hier fließen folgende Kriterien in die Bewertung ein:

- Ist der Text logisch und übersichtlich?
  Werden *connectives* (vgl. S. XI) verwendet?
- Ist die Wortwahl stilistisch angemessen?
- Werden die Regeln für die jeweilige Textsorte erfüllt?
- Ist die Syntax grammatikalisch richtig und abwechslungsreich?
- Beherrscht der Prüfling die Grundregeln der englischen Grammatik?
- Wie umfangreich ist der Wortschatz?
- Werden die orthografischen Regeln befolgt?

Bei der Ermittlung der Note wird Ihren sprachlichen Fähigkeiten mit 60 % ein höheres Gewicht beigemessen als dem Inhalt Ihrer Arbeit (40 %) – durchaus nachvollziehbar, da Sie ja am Ende Ihrer Schulkarriere vor allem nachweisen sollen, dass Sie die englische Sprache beherrschen. Leichte inhaltliche Schwächen Ihrer Arbeit können Sie also durch einen guten Stil wieder ausgleichen. Auf der anderen Seite machen Ihre inhaltlichen Aussagen mit 40 % immer noch einen großen Teil der Gesamtnote aus, sodass Sie trotz stilistischer Schwächen eine gute Note erreichen können, wenn Sie inhaltlich sehr sorgfältig arbeiten.

In den Bereichen Sprachmittlung und Sprechen wird jeweils eine Gesamtnote für die Teilbereiche Sprache und Inhalt gebildet.

Die Gesamtnote für Ihre Klausur wird aus den Noten für die Mediation, die Textaufgabe und die Sprechprüfung gebildet. Die Note für die Textaufgabe macht dabei 55 %, die Note für die Mediation 25 % und die für die Sprechprüfung 20 % Ihrer Endnote aus.

Praktische Tipps zur Vorbereitung

Wie Sie im vorhergehenden Abschnitt feststellen konnten, geht die sprachliche Qualität Ihrer Arbeit im Vergleich zur inhaltlichen stärker in die Gesamtnote ein. Daher ist es sehr wichtig, dass Sie nicht nur über das oben genannte Grundwissen in Bezug auf die Prüfungsthemen verfügen, sondern sich vor allem einen flüssigen Stil und ein möglichst umfangreiches Vokabular aneignen – denn mit einer guten Teilnote im sprachlichen Bereich haben Sie schon den größten Teil der Gesamtnote in der Tasche.
Nehmen Sie sich also Ihre bisherigen Klausuren und Hausaufgaben vor, die Ihre Lehrkraft korrigiert hat, und analysieren Sie Ihre persönlichen Stärken und Schwächen: Gibt es Fehler, die immer wieder auftauchen? Welche Strukturen bereiten Ihnen Probleme? Wenn Sie Ihre persönlichen Problemfelder ermittelt haben, konzentrieren Sie sich darauf, diese Strukturen gezielt zu üben, bis Sie sie sicher beherrschen. Wenn Sie rechtzeitig mit dieser Analyse anfangen, können Sie Ihren persönlichen Fortschritt anhand der Klausuren vor dem Abitur kontrollieren.
Erfahrungsgemäß sind es oft die gleichen Strukturen, die Schülerinnen und Schülern Probleme bereiten. Häufige, leicht zu vermeidende Fehlerquellen sind z. B.:

- ***conditional clauses:*** Besonders in Aufgaben, in denen Sie sich in eine Situation hineinversetzen müssen, werden Sie mit Bedingungssätzen konfrontiert werden *(Speculate on what Miranda would have done if her parents had told her the truth. – What would you do if you were the narrator's mother?).* Rufen Sie sich noch einmal ins Gedächtnis, welche Zeitformen im Hauptsatz und welche im Nebensatz verwendet werden.
- ***reported speech:*** Diese Struktur taucht z. B. in Zusammenfassungen und Analysen auf, wenn Sie die Aussagen eines Redners/einer Rednerin wiedergeben sollen. Achten Sie darauf, ob Sie in Ihrem Text *present tense* oder *past tense* verwenden – während Sie im ersten Fall die Zeitformen der Verben aus der direkten Rede einfach übernehmen können, müssen Sie sie im zweiten Fall in der indirekten Rede anpassen.
- ***past tense/present perfect:*** Diese vermeintliche Hürde können Sie leicht überwinden, indem Sie sich diese Regel merken: Wenn Sie Ereignisse beschreiben, die zu einem eindeutig in der Vergangenheit liegenden Zeitpunkt stattfanden, verwenden Sie das *past tense ("Miranda* ***became*** *very angry <u>when</u> she found out about her parents' secret. The two protagonists* ***met*** *<u>when</u> they were 16 years old.").*

Dagegen verwenden Sie das *present perfect*, wenn Sie Handlungen oder Zustände beschreiben, deren genauer Zeitpunkt keine Rolle spielt und sich auch nicht aus dem Kontext erkennen lässt *("Ed Sheeran* ***has given*** *a lot of interviews during his career.")*. Denken Sie auch an die Signalwörter für das *present perfect* wie z. B. *always*, *never*, *ever*, *since* und *for*, die ausdrücken, dass ein Zustand bis an die Gegenwart heranreicht. *("They* ***have known*** *each other* <u>*since*</u> *they were children."* bedeutet, dass die benannten Personen sich auch heute noch kennen.)

Neben der grammatikalischen Korrektheit Ihres Textes sollten Sie auch daran arbeiten, einen möglichst flüssigen Stil zu entwickeln. Statt Ihre Gedanken einfach mit *and*, *but* oder *because* aneinanderzureihen, sollten Sie Ihre Argumente mithilfe einer größeren Anzahl von verknüpfenden Ausdrücken, sogenannten ***connectives***, strukturieren. Beim Lesen kann man Ihrer Ideenführung so leichter folgen und Ihre Argumentation nachvollziehen. In der folgenden Tabelle sind einige solche Ausdrücke aufgeführt, die Sie auf jeden Fall kennen sollten:

Funktion	**Satzverknüpfungen**	**Beispiele**
Aufzählung	*First(ly), …; second(ly), …; third(ly), …*	*There are three reasons for my behaviour towards him: Firstly, I do not like his haircut. Secondly, I hate his clothes. Thirdly, he is completely unorganised.*
	Finally, …/Lastly, …	*And finally, his constant whistling makes me crazy!*
	Additionally, …/In addition …/Furthermore, …	*Additionally, his flat is a mess!*
Gegensatz	*On the one hand, …, on the other (hand), …*	*On the one hand, I would love to have a dog, but on the other, I am allergic to fur.*
	Nevertheless, …/However, …	*We could buy a fish tank, however.*
	Although …	*Although everyone played well, the German team lost the match.*
	In spite of …/Despite …	*She opened the trapdoor in spite of/ despite her fears.*
Kausal-zusammenhang	*As a consequence, …/ Consequently, …/As a result, …*	*Annie is allergic to dairy products. As a consequence, she can only eat dairy-free ice cream.*
	Therefore, …/Thus, …	*You are only 14. Therefore, you are not allowed to drink alcohol.*
Schluss-folgerung	*In conclusion, …*	*In conclusion, smoking should be forbidden in the classroom.*
	To sum up, …/ In short, …	*To sum up, the dangers of water skiing are too grave to be ignored.*

Vorbereitung auf die Sprechprüfung

Auch der Sprechteil Ihrer Abiturprüfung lässt sich am besten langfristig vorbereiten. Versuchen Sie, auch vor der eigentlichen Prüfungssituation Sprechanlässe zu schaffen, indem Sie zum Beispiel mit einem Klassenkameraden oder einer Klassenkameradin englische Gespräche zu verschiedenen Themen der Fachanforderungen der Sekundarstufe II führen. Diese Themen finden Sie auf Seite I dieses Hinweiskapitels.
Natürlich können Sie gerade den monologischen Teil der Sprechprüfung auch alleine vorbereiten, aber Sie werden sehen, wie viel Sicherheit und Selbstbewusstsein es bringen kann, auch vor anderen möglichst natürlich die Fremdsprache zu benutzen. Anregungen hierzu können die Übungsaufgaben zur Sprechprüfung in diesem Band bieten. Zeichnen Sie Ihre Gespräche wenn möglich auf, sodass Sie sich anschließend noch einmal in Ruhe damit auseinandersetzen können, was Sie gut gemacht haben und wo noch Verbesserungsbedarf besteht:

- Ist das, was wir sagen, inhaltlich schlüssig?
- Gehen wir aufeinander ein, d. h., ist unsere Gesprächsführung kooperativ und ausgewogen?
- Benutzen wir passendes Vokabular und *connectives* (z. B. *however, on the one hand, on the other hand, because, consequently, …*), um unsere Aussagen sinnvoll zu verknüpfen und zu gliedern?

Neben den oben genannten Satzverknüpfungen, die Sie auch in Ihrem monologischen Vortrag bzw. in der Diskussion verwenden können, können auch folgende Ausdrücke Ihnen bei einer strukturierten Gesprächsführung helfen:

Gesprächsabsicht	**Beispiele**
(die eigene) Meinung äußern	*… is excellent/extraordinary/outstanding/very special.* *Actually, I think that …* *After all, …/I mean …* *Apparently, …/Obviously, …/Evidently, …* *As far as I am concerned, …* *As far as I know …* *I am convinced …* *I assume …* *I believe …* *I must admit that …* *I really think that …* *I suppose …* *I would like to point out that …* *If you ask me, …* *In my opinion/view, …* *It is obvious that …* *(Personally,) I think …* *To be honest, …* *To my astonishment/surprise/disappointment, …* *To my mind, …*

(andere) Meinungen erfragen	*How about …?* *What do you think (about …)?* *What is your opinion?* *Which one do you think would …?* *Why do you think so?* *Wouldn't you say that …?/Don't you think that …?*
Vorschläge machen	*I suggest …* *My (first) choice would be …* *Personally, I would go for …* *We should take into consideration that …*
widersprechen	*I understand what you mean, but …* *I'm afraid I don't agree with you (at all).* *I'm afraid we'll have to agree to differ!* *I'm not sure I agree with you/that notion.* *It's all right if you prefer …, but I …* *You may be right, but I still think …*
zustimmen	*I couldn't agree more.* *I (entirely) agree with that view/you.* *That's a good point/idea.* *(Yes,) that's what I think too.*

Sowohl auf die Sprechprüfung als auch auf die schriftliche Prüfung können Sie sich auch mithilfe der „**MindCards**" vorbereiten. Diese digitalen Karteikarten trainieren hilfreiche Wendungen für verschiedene Gesprächssituationen bzw. Textsorten. Auf der Plattform MyStark (Zugangscode vgl. Umschlaginnenseite) und in den „Hinweisen zu den digitalen Zusätzen" finden Sie QR-Codes und Links, mit denen Sie schnell und einfach zu den „MindCards" gelangen.

Inhaltliche Vorbereitung

Bei der inhaltlichen Vorbereitung auf die Abiturprüfung sollten Sie sich weder mit zu viel historischem Detailwissen (wie beispielsweise Jahreszahlen) noch mit ausführlichen Inhaltsangaben und Interpretationsansätzen für die im Unterricht behandelte Literatur belasten. Schließlich geht es im Abitur nicht darum, zu prüfen, ob Sie Sachwissen reproduzieren können, und die Literatur, die Sie gelesen haben, wird Ihnen am meisten helfen, wenn Sie deren grundsätzliche Ideen und Interpretationsansätze verstanden haben und gegebenenfalls in die Beantwortung einer Frage einbringen können.
Ihre schriftliche Abiturprüfung wird darin bestehen, dass Sie mit unbekanntem Material konfrontiert werden, das Sie sich mithilfe der im Unterricht geübten Methoden und des erarbeiteten Vorwissens erschließen sollen.
Daher sollten Sie sich folgendermaßen auf die Prüfung vorbereiten:

- Gehen Sie die inhaltlichen Hinweise zu den Schwerpunktthemen für Ihren Abiturjahrgang durch, die Sie am Anfang dieses Buches (vgl. S. II) finden. Stellen Sie sicher, dass Sie wissen, was sich hinter jedem Stichwort verbirgt – so können Sie ausschließen, dass Sie sich durch Missverständnisse inhaltliche Fehler einhandeln.

- Beschäftigen Sie sich noch einmal mit den literarischen und nicht literarischen Texten, die im Unterricht behandelt wurden. Möglicherweise werden Sie in der Abiturprüfung aufgefordert, ein in der Aufgabenstellung beschriebenes Problem mit einem Ihnen bekannten Text oder Film zu vergleichen. Dafür ist es vorteilhaft, wenn Ihnen der Inhalt und die Namen der zentralen Figuren geläufig sind, um Unklarheiten zu vermeiden. Auch die Namen der Verfasser*innen von literarischen Werken sollten Sie sich einprägen.
- Fertigen Sie in diesem Zusammenhang Listen mit nützlichen Vokabeln zu beiden Themenkorridoren an. Sie haben dabei den Vorteil, dass die Wörter Ihnen nicht isoliert, sondern im Kontext begegnen, sodass Sie sich ihre Bedeutung leichter merken können.

Das Anfertigen der schriftlichen Prüfungsarbeit

Zu Beginn der schriftlichen Abiturprüfung werden Ihnen eine Aufgabe zum Teilbereich „Sprachmittlung“ sowie zwei Aufgabenvorschläge zum Teilbereich „Schreiben“ vorgelegt. Sie haben bis zu 15 Minuten Zeit, um sich für einen der Aufgabenvorschläge zu entscheiden, wobei Sie zwischen den Themenkorridoren oder der Textsorte (literarisch oder Sachtext) wählen können. Bei der (nicht korridorgebundenen) Sprachmittlung besteht keine Auswahlmöglichkeit. Anschließend haben Sie 270 Minuten Zeit, Ihre Lösungen zu erstellen, wobei für die Bearbeitung der Aufgabe zur Sprachmittlung 60 Minuten und für die Schreibaufgabe 210 Minuten vorgesehen sind. Es steht Ihnen aber frei, die Reihenfolge und Zeitplanung individuell festzulegen.
Als **Hilfsmittel** wird Ihnen sowohl ein einsprachiges englisches Wörterbuch als auch ein zweisprachiges deutsch-englisches Wörterbuch zur Verfügung gestellt. Betrachten Sie letzteres als eine Art Sicherungsnetz, das Sie auffängt, wenn Ihnen einfach kein passender Ausdruck einfallen will und Sie nicht weiterkommen. Ruhen Sie sich aber nicht auf der Gewissheit aus, dass Sie fehlende Wörter nachschlagen können – Sie verschwenden damit kostbare Arbeitszeit. Investieren Sie also lieber vorher etwas Zeit und lernen Sie die Vokabeln, die Ihnen im Unterricht begegnet sind.
Zeitplanung ist ohnehin ein wichtiger Faktor: Wenn Sie die Aufgabenvorschläge erhalten haben, lesen Sie im Bereich der Textaufgabe zunächst die erste Textvorlage zügig durch, ohne Vokabeln nachzuschlagen oder Notizen zu machen. Lesen Sie anschließend die Aufgabenstellung und stellen Sie sicher, dass Sie sie verstehen. Dann wenden Sie die gleiche Vorgehensweise auf die zweite Textvorlage an. Entscheiden Sie dann recht zügig, welche Textvorlage und welche Aufgabenstellungen Ihnen aufgrund Ihres Vorwissens oder Ihrer methodischen Fähigkeiten mehr liegen. Wenn Ihnen die Entscheidung schwerfällt, ist das wahrscheinlich ein Hinweis darauf, dass Sie beide Aufgaben ungefähr gleich gut lösen können – werden Sie also nicht nervös, sondern versuchen Sie, spontan eine Aufgabe auszuwählen.
Anschließend sollten Sie sich einen groben Zeitplan für die Bearbeitung machen. Dabei können Ihnen diese Grundregeln helfen:

- Planen Sie am Ende der Arbeitszeit eine Korrekturphase ein. Erstens wird Ihnen dann die Situation erspart bleiben, dass Sie mitten in der letzten Aufgabe abbrechen müssen, weil Ihnen die Zeit davongelaufen ist, und zweitens können Sie die sprachliche Qualität Ihrer Arbeit deutlich verbessern, wenn Sie sie noch einmal durchlesen und korrigieren.
- Legen Sie fest, wie viel Zeit Sie für jede Aufgabe verwenden wollen. Dabei können Sie sich an der Gewichtung der Aufgaben zueinander orientieren: Für eine Aufgabe des Anforderungsbereichs I, die möglicherweise nur 20 % zur inhaltlichen Gesamtnote beiträgt, müssen Sie höchstwahrscheinlich weniger Zeit aufwenden als für einen Leitartikel oder eine sprachliche Analyse, die 30 oder 40 % ausmachen.

Wenn Ihre Zeitplanung steht, können Sie sich an die **Konzeptarbeit** machen. Lesen Sie die Teilaufgaben und die Textvorlage diesmal sorgfältig durch und markieren Sie wichtige Textpassagen. Vielleicht verwenden Sie für die unterschiedlichen Teilaufgaben verschiedene Farben oder Symbole? Versuchen Sie, bis zur Abiturprüfung eine Methode zu entwickeln, die zu Ihnen passt.
Notieren Sie sich anschließend die Punkte, die Sie erwähnen wollen, in Stichworten und ordnen Sie sie in der Reihenfolge, in der sie später in Ihrem Text vorkommen sollen (beispielsweise als Punkte in einer Zusammenfassung oder als Argumente in einem Kommentar). Indem Sie jetzt schon den Verlauf Ihrer Argumentation festlegen, stellen Sie sicher, dass Ihr fertiger Text übersichtlich strukturiert und logisch nachvollziehbar sein wird. Außerdem entfällt bei der Korrektur so die (manchmal recht langwierige) Suche nach Absätzen, die Sie nachträglich mit Sternchen eingefügt haben. Der gute erste Eindruck, den eine übersichtlich strukturierte Arbeit schon zu Beginn der Korrektur macht, kann für Sie nur von Vorteil sein.
Außerdem sollten Sie darauf achten, dass Sie sauber und gut leserlich schreiben. Eine undeutliche Handschrift kann sich leicht negativ auf die Beurteilung der Rechtschreibung auswirken.
Und zum Schluss noch ein Tipp: Fertigen Sie keine komplette „Vorschrift“ an, die Sie anschließend in Reinschrift übertragen, denn auch hiermit würden Sie wertvolle Zeit vergeuden, die Sie zum Nachdenken oder zur Korrektur besser nutzen können.

Zum Gebrauch dieses Buches

Dieser Band enthält eine Auswahl an **Original-Aufgaben** des Zentralabiturs **2018 bis 2022**. Mithilfe dieser können Sie sich einen Eindruck von „echten“ Prüfungsaufgaben verschaffen. Allerdings gelten in Ihrer Prüfung neue inhaltliche Themenschwerpunkte. Zu diesen wurden für dieses Buch eigens Übungsaufgaben im Abiturformat zusammengestellt, mit denen Sie sich speziell auf die Themenkorridore „**The Individual and Society**“ sowie „**Global Chances and Challenges**“ vorbereiten können. Falls Sie nicht sicher sind, ob Sie die Aufgabenstellung richtig verstehen, gibt es zu jeder Teilaufgabe zusätzliche **Hinweise und Tipps**, die Ihnen bei der Bearbeitung helfen sollen. Außerdem finden Sie zu jeder Aufgabe auch eine **Musterlösung**, mit der Sie Ihre Texte vergleichen können. Selbstverständlich müssen Sie nicht genau

das schreiben, was in der Musterlösung genannt wird. Sie können daran aber sehen, welche inhaltlichen Aspekte Sie vielleicht noch hätten erwähnen können oder welche Formulierungen Ihnen noch unbekannt sind. Lassen Sie sich also von den Musterlösungen nicht verunsichern. Auch mit einer geringeren Anzahl an Aspekten, die Sie sinnvoll strukturiert haben, oder einfacheren, aber korrekten Formulierungen können Sie eine sehr gute Leistung erreichen. Nutzen Sie die Musterlösungen stattdessen als Anregungen für Ihre Vokabel- oder Konzeptarbeit.
Auch auf den Prüfungsteil **Sprechen** können Sie sich mithilfe eigens für diesen Band entwickelter **Übungsaufgaben** vorbereiten. Diese zeigen Ihnen unterschiedliches Impulsmaterial und mögliche Aufgabenstellungen.

Lernvideos zur Textaufgabe

Step-by-Step – Textaufgaben bearbeiten

Es gibt Aufgabenstellungen, die in Englischprüfungen immer wieder auftauchen. Grundlage für diese Aufgabenstellungen sind sogenannte **Operatoren** wie „describe“, „analyse“, „comment on“ und viele mehr. Auch wenn sich die Aufgabenstellung für die Textarbeit im Detail je nach Text unterscheidet, bleibt die grundsätzliche Vorgehensweise bei den jeweiligen Operatoren gleich.

In den Videos auf der Plattform **MyStark** (Zugangscode vgl. Umschlaginnenseite) erklären wir Ihnen, wie Sie bei den wichtigsten Operatoren in Textaufgaben vorgehen müssen. Außerdem erfahren Sie etwas zu häufigen **Zieltextformaten** wie Leserbriefen, Blogeinträgen und Reden.

TIPP

Lesen Sie die Aufgaben und die dazugehörigen Texte, **bevor Sie sich die Videos ansehen**! Sie können auch schon überlegen, wie Sie selbst bei der Aufgabenstellung vorgehen würden und welche inhaltlichen Aspekte für die Lösung interessant wären – und im Anschluss Ihre Lösung/Vorgehensweise mit den Videos vergleichen. Viel Spaß!

Ausgangstext: *newspaper article*
Operatoren: *outline, analyse, write*
Themen: *social media, the impact of the media on society*
Zieltextformate: *letter to the editor, blog entry, speech*

Aufgabenstellung

1. **Outline** the author's view on social media. *(Video 1)*
2. **Analyse** the means he uses to convey his attitude and the effect they have on the reader. *(Video 2)*
3. **Write** a **letter to the editor/blog entry/speech** expressing your own opinion on the chances and dangers of social media. *(Video 3)*

Text: "I Used to Think Social Media Was a Force for Good. Now the Evidence Says I Was Wrong" by Matt Haig

More and more, it's clear these platforms create divisions, exploit our insecurities and risk our health. They're as bad as the tobacco industry.

I used to think social media was essentially a force for good, whether it was to initiate the Arab spring[1] of 2011, or simply as a useful tool for bringing together like-minded people to share videos of ninja cats. Having spent a lot of time thinking about mental health, I even saw social media's much-maligned potential for anonymity as a good thing, helping people to open up about problems when they might not feel able to do so in that physical space we still quaintly call real life. […]

Yes, I would occasionally feel that maybe staring at my Twitter feed near-continuously for seven hours wasn't that healthy […]. Yes, I'd see articles warning of the dangers of excessive internet use, but I dismissed these as traditional, reactionary takes. I saw social media naysayers as the first reviewers of Technicolor movies, who felt the colour distracted from the story, or were like the people who walked out on Bob Dylan at Newport folk festival for playing an electric guitar, or like those who warned that radio or TV or video games or miniskirts, or hip-hop or selfies or fidget spinners[2] or whatever, would lead to the end of civilisation. […]

Then I started the research for a book I am writing on how the external world affects our mental health. I wanted to acknowledge the downsides of social media, but to argue that far from being a force for ill, it offers a safe place where the insanities of life elsewhere can be processed and articulated.

But the deeper into the research I went, the harder it was to sustain this argument.

Even the internet activist and former Google employee Wael Ghonim – one of the initiators of the Arab spring and one-time poster boy for internet-inspired revolution – who once saw social media as a social cure – now saw it as a negative force. […]: "The same tool that united us to topple dictators eventually tore us apart." Ghonim saw social media polarising people into angry opposing camps – army supporters and Islamists – leaving centrists such as himself stuck in the middle, powerless.

And this isn't just politics. It's health too. A survey conducted by the Royal Society of Public Health asked 1,500 young people to keep track of their moods while on the five most popular social media sites. Instagram and Snapchat came out worst, often inspiring feelings of inadequacy, anxiety and self-loathing. […]

Kurt Vonnegut[3] said: "We are what we pretend to be, so we must be careful who we pretend to be." This seems especially true now we have reached a new stage of marketing where we are not just consumers, but also the thing consumed. If you have friends you only ever talk to on Facebook, your entire relationship with them is framed by commerce. When we willingly choose to become unpaid content providers, we commercialise ourselves. And we are encouraged to be obsessed with numbers (of followers, messages, comments, retweets, favourites), as if operating in a kind of friend economy, an emotional stock market where the stock is ourselves and where we are encouraged to weigh our worth against others.

Of course, humans comparing themselves to others isn't new. But when the others are every human on the internet, people end up comparing themselves – their looks, their relationships, their wealth, their lives – to the carefully filtered lives of people they would never meet in the real world – and feeling inadequate.

Reading first-hand accounts by people with bulimia and anorexia who are convinced that social media exacerbated or even triggered their illnesses, I began to realise something: this situation is not the equivalent of Bob Dylan's electric guitar. It is closer to the tobacco or fast-food industries, where vested interests deny the existence of blatant problems that were not there before. […]

We are traditionally far better at realising risks to physical health than to mental health, even when they are interrelated. If we can accept that our physical health can be shaped by society – by secondhand smoke or a bad diet – then we must accept that our mental health can be too. And as our social spaces increasingly become digital spaces, we need to look seriously and urgently at how these new, business-owned societies are affecting our minds. We must try to see how the rising mental health crisis may be related to the way people are living and interacting.

Facebook's Mark Zuckerberg says that "by giving people the power to share, we're making the world more transparent". But what we really need to do is make social media transparent.

Of course, we won't stop using it – I certainly won't – but precisely for that reason we need to know more about what it is doing to us. To our politics, to our health, to the future generation, and to the world around us. We need to ensure we are still the ones using the technology – and that the technology isn't using us. (342 words)

From: Matt Haig: "I used to think social media was a force for good. Now the evidence says I was wrong", https://www.theguardian.com/commentisfree/2017/sep/06/social-media-good-evidence-platforms-insecurities-health, 06. 09. 2017, Copyright Guardian News & Media Ltd 2020

1 *Arab spring:* series of protests and rebellions against authoritarian regimes, e. g. in Tunisia, Egypt and Libya
2 *fidget spinner:* a popular toy
3 *Kurt Vonnegut:* famous American writer (1922 – 2007)

Ausgangstext: *extract from a novel*
Operatoren: *describe, characterise, discuss*
Themen: *ethnic minorities in the US, police violence*

Aufgabenstellung

1. **Describe** the night of the shooting as it is presented in the interview and as Starr remembers it. *(Video 1)*
2. **Characterise** the police officer as he is presented in this extract. Take the narrative perspective into account. *(Video 2)*
3. "'His life always matters more!' […] 'That's the problem!'" (ll. 82/83) **Discuss** the statement referring to the general situation of African Americans in the US. *(Video 3)*

Text:
The Hate U Give by Angie Thomas (extract from the novel)

Starr, who lives in the fictional, Black[1] neighborhood of Garden Heights, is the only witness of a police shooting in which her childhood friend Khalil got killed. She goes to a school in a different district, which is mainly attended by White[1] kids. For fear of being singled out she does not talk to her school-friends about her life in Garden Heights, not even about the shooting.

"Back up, back up," I tell Maya. She flicks through the channels, and when he appears again, I say, "Right there!"

I've pictured his face so much. Actually seeing it again is different. My memory is pretty spot-on – a thin, jagged scar above his lip, bursts of freckles that cover his face and neck.

My stomach churns and my skin crawls, and I wanna get away from One-Fifteen[2]. My instinct doesn't care that it's a photograph being shown on TV. A silver cross pendant hangs from his neck, like he's saying Jesus endorses what he did. We must believe in a different Jesus.

What looks like an older version of him appears on the screen […].

"My son was afraid for his life," he says. "He only wanted to get home to his wife and kids."

Pictures flash on the screen. One-Fifteen smiles with his arms draped around a blurred-out woman. He's on a fishing trip with two small, blurred-out children. They show him with a smiley golden retriever, with his pastor and some fellow deacons who are all blurred out, and then in his police uniform.

"Officer Brian Cruise Jr. has been on the force for sixteen years," the voice-over says, and more pics of him as a cop are shown. He's been a cop for as long as Khalil was alive, and I wonder if in some sick twist of fate Khalil was only born for this man to kill.

"A majority of those years have been spent serving in Garden Heights," the voice-over continues, "a neighborhood notorious for gang and drug dealers."

I tense as footage of my neighborhood, my home, is shown. It's like they picked the worst parts – the drug addicts roaming the streets, the broken-down Cedar Grove projects, gangbangers flashing signs, bodies on the sidewalks with white sheets over them. What about Mrs. Rooks and her cakes? Or Mr. Lewis and his haircuts? Mr. Reuben? The clinic? My family?

Me?

I feel Hailey's and Maya's eyes on me. I can't look at them.

"My son loved working in the neighborhood," One-Fifteen's father claims. "He always wanted to make a difference in the lives there."

Funny. Slave masters thought they were making a difference in black people's lives too. Saving them from their "wild African ways." Same shit, different century. I wish people like them would stop thinking that people like me need saving.

One-Fifteen Sr. talks about his son's life before the shooting. How he was a good kid who never got into trouble, always wanted to help others. […]

The interviewer asks about that night.

"Apparently, Brian pulled the kid over 'cause he had a broken taillight and was speeding."

Khalil wasn't speeding.

"He told me, 'Pop, soon as I pulled him over, I had a bad feeling,'" says One-Fifteen Sr.

"Why is that?" the interviewer asks.

"He said the kid and his friend immediately started cursing him out –"

We never cursed.

"And they kept glancing at each other, like they were up to something. Brian says that's when he got scared, 'cause they could've taken him down if they teamed up."

I couldn't have taken anyone down. I was too afraid. He makes us sound like we're superhumans. We're kids.

"No matter how afraid he is, my son's still gonna do his job," he says. "And that's all he set out to do that night."

"There have been reports that Khalil Harris was unarmed when the incident took place," the interviewer says. "Has your son told you why he made the decision to shoot?"

"Brian says he had his back to the kid, and he heard the kid say, 'I'm gon' show your ass today.'"

No, no, no. Khalil asked if I was okay.

"Brian turned around and saw something in the car door. He thought it was a gun –"

It was a hairbrush. […]

"Brian's a good boy," he says, in tears. "He only wanted to get home to his family, and people are making him out to be a monster."

That's all Khalil and I wanted, and you're making us out to be monsters. […]

"How has your son's life changed since this happened?" the interviewer asks.

"All our lives have been hell, honestly," his father claims. "Brian's a people person, but now he's afraid to go out in public, even for something simple as getting a gallon of milk. There have been threats on his life, our family's lives. His wife had to quit her job. He's even been attacked by fellow officers." […]

"This is awful," Hailey says. "That poor family."

She's looking at One-Fifteen Sr. with sympathy that belongs to Brenda and Ms. Rosalie[3].

I blink several times. "What?"

"His son lost everything because he was trying to do his job and protect himself. His life matters too, you know?"

I cannot right now. I can't. I stand up or otherwise I will say or do something really stupid. Like punch her.

"I need to … yeah." I say all that I can and start for the door, but Maya grabs the tail of my cardigan. […]

"Maya," I say, as calmly as possible. "Please let me go. I cannot talk to her. Did you not hear what she said?"

"Are you serious right now?" Hailey asks. "What's wrong with saying his life matters too?"

"His life always matters more!" My voice is gruff, and my throat is tight. "That's the problem!" (970 words)

Thomas, Angie: The Hate U Give. *London: Walker Books Ltd, 2017. pp. 243–247.*

1 The words "Black" and "White" are capitalised to signal that they are not natural categories but social ones (for more background information on this topic see, for example https://www.theatlantic.com/ideas/archive/2020/06/time-to-capitalize-blackand-white/613159/).
2 *One-Fifteen:* One-Fifteen is the badge number of the police officer who shot Khalil.
3 *Brenda and Ms. Rosalie:* Khalil's mother and grandmother

Schleswig-Holstein – Englisch
Abiturähnliche Übungsaufgabe 1 *(The Individual and Society)*

Jess Phillips[1], "Women Suffer Guilt, Abuse and Disapproval. No Wonder Jacinda Ardern[2] Is Knackered"

Jacinda Ardern has no gas left in the tank to continue as the prime minister of New Zealand. Her resignation speech was the sort of rare and dignified moment that we have come to expect from her, as a woman who presented the world with the kind of leadership that uniquely leant on her emotional intelligence. I'll miss her tone and grace. She leaves a legacy she can be proud of.

I have been thinking about what burned the fuel that she relied on to govern.

Firstly I have no doubt that she felt the constant guilt that pretty much every woman in the world feels the moment they evacuate their womb of a child. Even the Mary Poppins[3]-style perfect, Instagram-polished mothers of the world fret that something they do will harm their child in some way. I asked my husband, who has always been our son's primary carer, if he ever felt guilty for missing a school play or staying late at work. He looked at me baffled; the concept was lost on him. He just thinks, "I had to go to work," and that's the beginning and end of that moral maze for him. For me, there is a constant torture and self-loathing about how my choices might affect them. No matter how I try to push away the societal grooming, it is always there. For Ardern there will have been column inches aplenty to keep the torture prickling her skin.

This is not to say that most working women don't just push through this: they do so every single day in every single workforce in the country. It just burns up fuel, fuel that others don't need to spend. It is tiring and saps our bandwidth.

The pressure pushed on to working women is tiring enough without it being amped up by being a public woman – and the worst of all offences, to some, a political woman. The thing that burns my fuel to the point of a flashing emergency light and a blaring alarm is the abuse and threat of violence that has become par for the course for political women. Jacinda Ardern will have suffered this mercilessly. Today, colleagues and admirers discussed the extent to which that constant threat of abuse contributed to her burnout.

Those threats came from many sources, too: people who hate progressive women and believe they are damning masculinity; anti-vaxxers[4] outraged by her tough Covid stance; those with a general loathing of all politicians.

Combine the two fuel burners and what you end up with is the terrible guilt, fear and shame that decisions you have made in your career, or your political stances (no matter how much you believe in them), put your children, loved ones and employees in danger.

Moments before I started writing this, I spoke to a woman who works for me who told me she wouldn't be in work on a particular day because she had to give evidence in court after an incident in my office. She was not the target: it was me. When my children at school have to answer questions from their classmates about stances I have taken, or are told hateful and untrue things that have been published about me, or when they act hyper-vigilantly in public crowds, aware of the threat to us, my heart breaks and more fuel burns up.

No doubt this is something all men and women in political life experience. However, studies show that the level of violence – often sexualised violence – and the threat that female politicians face is incomparable. I am used to it. I wish I wasn't; but I also wish I was a size 10. But I will also never get used to the effect it has on other people; it is so very tiring. It's just something else I have to consider on top of worrying about policy and details, and fallout, and loyalties. It burns fuel.

What can we do about it? Like Jacinda, I believe the answer is being honest about the fact that politics is an emotional not a bureaucratic game. And constantly pushing for a more empathetic political environment, which will be brought about by having more female leaders and politicians, not fewer.

I am not so idealistic as to think politics is going to change its stripes in my time. But we must build the structures into our politics and our media that damn and criminalise the perpetrators of this abuse, and those who make massive profits from spreading it. We must create support structures female politicians and activists can lean on without being seen negatively or as weak.

Alas, even as I pen my suggestions for change, I know that it is women who will have to do the labour to achieve it, just like we always do. This work takes more fuel – fuel others don't have to use up in the pursuit of a political life. No wonder Jacinda's knackered.

(825 words)

Jess Phillips: "Women Suffer Guilt, Abuse and Disapproval. No Wonder Jacinda Ardern Is Knackered", https://www.theguardian.com/commentisfree/2023/jan/20/women-guilt-abuse-disapproval-jacinda-ardern, Copyright Guardian News & Media Ltd 2023

1 *Jess Phillips:* *1981, British Labour MP since 2015

2 *Jacinda Ardern:* *1980, Prime Minister of New Zealand from 2017 to January 2023, when she voluntarily resigned from her post

3 *Mary Poppins:* a wonderful nanny with magical skills, the protagonist of a novel series, which was later turned into a musical

4 *anti-vaxxer:* someone who is sceptical about or opposes vaccination

Assignments

1. Outline the problems women in politics are faced with according to the author as well as the solutions she presents. *(20 %)*

2. Analyse the means and strategies the author employs in order to convey her attitude towards Jacinda Ardern's resignation. *(40 %)*

3. Choose **one** of the following tasks. *(40 %)*

3.1 Comment on the author's statement "No wonder Jacinda's knackered" (ll. 58/59), also taking into account the message of the cartoon.

© *Rodrigo de Matas/Cartoon Movement*

3.2 One year after your exams you are asked by your school to give the graduation speech for the next graduates. Write the script for your speech assessing the chances and challenges faced by young people in the 21st century. Put a special focus on gender imbalances.

Lösungsvorschläge

1. *This assignment requires you to focus on two aspects of the text: the problems women in politics face on the one hand and the proposed solutions for these problems on the other. While reading, you should highlight these aspects and then rephrase them in your own words. Also write a short* ***introduction****, in which you name the basic facts about the article you are to summarise.*
You could mention the following points:
   - ***problems*** *women in politics face:*
     - *constant guilt that they are not doing enough for their children (cf. ll. 7–14)*
     - *societal scrutiny (cf. ll. 15/16)*
     - *women suffer harassment for being in politics (cf. ll. 22–24)*
     - *fear that family or co-workers might suffer by proxy (cf. ll. 30–33)*
     - *exhausting especially for women; men do not experience it at the same level (cf. ll. 10–13, 41–43)*
   - ***proposed solutions:***
     - *changing the perception of politics: significance of emotions (cf. ll. 47/48)*
     - *working towards a respectful atmosphere in politics by increasing the number of women (cf. ll. 48–50)*
     - *on a societal level, not only should harassing female public figures be condemned but also its propagation in the media (cf. ll. 52–54)*
     - *the need for support should not be perceived as a weakness; instead, there should be standard practices to assist people in times of crisis (cf. ll. 54/55)*
   - ***conclusion:*** *Phillips warns that these changes will only come about if women take on the extra responsibility to promote them (cf. ll. 56/57)*

introduction

In her article "Women Suffer Guilt, Abuse and Disapproval. No Wonder Jacinda Ardern Is Knackered", which was published in the *Guardian* in January 2023, Jess Phillips describes problems women in politics are faced with. She also offers ideas on how to tackle these issues.

problems women in politics face

Her central argument is that the price men and women pay for being politically active is essentially different: While men's involvement is generally accepted, women suffer societal scrutiny or even harassment for dedicating their lives to politics. As a consequence, female politicians have to expend much more mental energy than men because, in addition to their workload, they also fear that their co-workers or family could be made responsible for their political decisions and thus suffer by proxy. Above that, women with children are often made to feel constantly guilty that they are not fulfilling their maternal role in an acceptable way, which is aggravated by media outlets and colleagues pointing fingers when a woman seems to prioritise her political career over her role as a caretaker.

proposed solutions

Since many of these problems are rooted in traditional notions of women's role in society, Phillips suggests tackling the issues from a related angle. She proposes changing the perception of politics by accepting that political dealings rely on emotional factors to a great extent. Ultimately, all parties involved should cooperate to reach a more respectful atmosphere in politics. On a societal level, not only should harassing female public figures be condemned, but also its propagation in the media. As a side effect, a person's need for support should not be perceived as a weakness; instead, there should be standard practices to assist people in times of crisis.

conclusion

In conclusion, Phillips claims that increasing the number of women in politics is a vital prerequisite for accomplishing her aims. So, change will only come if women take on the extra responsibility to promote it even though this will increase their workload even more. *(322 words)*

2. *This assignment requires you to do two things: first, you have to identify the author's attitude towards Jacinda Ardern and her resignation, and second you have to find the stylistic devices and means of language that she employs to express this attitude. You should not forget to support your arguments by quoting from the text.*
When you write your analysis, make sure you use your own words and structure your text in a logical order, e. g. by the strategies employed or by some general ideas expressed by them. Avoid strictly following the structure of the text, or you will run the risk of ending up with a re-narration.
In your analysis, you could start by examining the way the author characterises Jacinda Ardern before going on to analyse the strategies she uses in dealing with her central topic: the exhaustion felt by women in politics.
The sample solution mentions the following points:
- *introduction:* ***headline*** *already shows empathy with Jacinda Ardern*
- *characterisation of Ardern by* ***the use of positive words:***
  - *"rare and dignified" (l. 2)*
  - *"uniquely leant on her emotional intelligence" (l. 4)*
  - *"grace" (l. 5)*
  - *"legacy she can be proud of" (l. 5)*
- ***personal style*** *to create common ground between herself and Jacinda Ardern:*
  - *calling her by her first name and using colloquial language ("knackered") (cf. ll. 47, 58/59)*
  - *use of pronoun "I" (e. g. ll. 4, 6, 7, 10, 34, 37, 43, 44, 45, 47, 51, 56)*
  - *sharing of personal anecdotes from her own (political) life:*
    - *conversation between Jess Phillips and her husband, who is "baffled" by her feelings of guilt (cf. ll. 10–14)*
    - *worries about co-workers and children (cf. ll. 34–40)*

- ***generalisation** of the (almost desperate) situation and creating a feeling of togetherness among women:*
  - *"we"/"our" (cf. ll. 2, 19, 47)*
  - *"pretty much every woman in the world" (cf. ll. 7/8)*
  - *sarcastic exaggeration: "Even the Mary Poppins-style perfect, Instagram-polished mothers" (ll. 8/9)*
  - *repetitions: "working women" (ll. 17, 20), "every single day in every single workforce in the country" (l. 18)*
  - *"Alas, [...], I know that it is women who will have to do the labour to achieve it, just like we always do." (ll. 56/57)*
- ***figurative language** and other stylistic devices to convey* **exhaustion** *and the double burden on women:*
  - *"has no gas left in the tank" (l. 1)*
  - *"fuel" (ll. 6, 18, 22, 40, 46, 57/58)*
  - *"the torture prickling her skin" (l. 16)*
  - *"fuel that others don't need to spend" (ll. 18/19), "fuel others don't have to use up" (l. 58)*
  - *"a flashing emergency light and a blaring alarm" (ll. 22/23)*
  - *"fuel burners" (l. 30)*
  - *enumerations: "When my children at school have to answer questions from their classmates about stances I have taken, or are told hateful and untrue things that have been published about me, or when they act hyper-vigilantly in public crowds, aware of the threat to us" (ll. 36–39); "policy and details, and fallout, and loyalties" (l. 46)*
- ***conclusion:** article's tone almost resigned and completely understanding of Ardern's decision*

In her article, Jess Phillips expresses sympathy for Ardern's decision to step down from her post as prime minister of New Zealand. Her understanding already becomes evident in the heading of the article, which both enumerates the issues women in politics have to struggle with and concludes with the empathetic statement, "No Wonder Jacinda Ardern Is Knackered".

introduction: **headline**

Phillips strives to engage the same empathy in her readers by describing Jacinda Ardern in very positive words. She praises the ex-prime minister's style of governing as inimitably superior by pointing out her "dignified" (l. 2) manner, her "emotional intelligence" (l. 4) and her "grace" (l. 5) as well as by predicting that Ardern will be able to look back on her time in office with satisfaction (cf. l. 5). By furthermore using the adjective "rare" (l. 2) and the adverb "uniquely" (l. 4), she sets Jacinda Ardern apart from other politicians.

positive words to characterise Jacinda Ardern

A politically active woman herself, Phillips clearly empathises with the extra workload Ardern had to deal with during her time in office. She emphasises this common ground by referring to

personal style to create common ground

Ardern by her first name, for example in line 47 and especially at the end of her article where she repeats the conclusion from the headline, only in an even more colloquial register (cf. ll. 58/59). Other strategies underline Phillips' personal style and support the fact that she can perfectly imagine the burdens Jacinda Ardern had to shoulder. Not only does she use the pronoun "I" repeatedly (cf. ll. 4, 6, 7, 10, 34, 37, 43, 44, 45, 47, 51, 56), but she also shares some anecdotes from her own life with her readers, for example in lines 34 to 40 when she describes a very real threat to herself, her employees and her children.

example of conversation between Jess Phillips and her husband

Her main thesis is that regardless of who the primary carer in the family is, women tend to chastise themselves more than men for not prioritising their children. This thesis is also introduced from a personal viewpoint, making the gender imbalance obvious: She describes a conversation she had with her husband, for whom guilt about not constantly being with his children seems to be a completely foreign feeling (cf. ll. 10–13) in contrast to her own "torture and self-loathing" (l. 14).

generalisation of women's situation

From this personal take, she goes on to generalise women's situation: Her feelings of guilt and inadequacy are common for "pretty much every woman in the world" (ll. 7/8), she claims. Even those women, whom Phillips sarcastically calls "Mary Poppins-style perfect, Instagram-polished mothers" (ll. 8/9) will know what she means.

almost desperate situation

A statement like this stresses Phillips' point that there seems to be simply no way out of the dilemma "societal grooming" (l. 15) has pushed upon "working women" (ll. 17, 20). The use of repetition underlines the monotony and desperation of their fight against impossible expectations: "every single day in every single workforce in the country" (l. 18).

creating a feeling of togetherness

Throughout her text, Phillips also regularly employs the first person plural to create a feeling of togetherness and solidarity among her female readers. Ardern's situation is turned into a shared experience through the use of words like "we" and "our" (cf. ll. 2, 19, 47). A particularly striking example of this strategy can be found in the concluding realisation that it is women like Ardern and Phillips – and probably her readers too – who will have to bear the responsibility of change, "just like we always do" (l. 57).

figurative language to convey **exhaustion**

The exasperation behind this realisation, which is further stressed by the introductory expression "Alas" (l. 56), puts into new focus the main cause for Ardern's resignation, namely her exhaustion from the double burden of her political responsibilities as well as the family role society expects of her. This is reflected in Phillips' choice of words: regardless of whether she refers to her own fatigue or Ardern's, the author's language is highly figurative, playing mainly with the theme of "fuel". Not only does she assume that Ardern "has no gas left in the tank" (l. 1) or reflect on "what burned the fuel that she relied on" (l. 6), she also compares the energy women in politics have to expend to fuel several times (e. g. ll. 18, 22, 40, 46) and the multiple problems they face, like societal scrutiny and outright harassment, to "fuel burners" (l. 30).

double burden on women

She concludes by repeating her argument that it is especially the double standards that affect men and women differently that drive women to exhaustion: Figuratively speaking, women need more fuel than men (cf. ll. 18/19, 57/58). Politics is strenuous anyway, as the enumerations in lines 36 to 39 and line 46 show, but for women the burdens are even heavier. This is further stressed by the use of very drastic metaphorical language, such as the constant "torture" (l. 16) of society's expectations or the "flashing emergency light and […] blaring alarm" (ll. 22/23) that signify the severity of the problem.

conclusion

In a way, Jess Phillips' article sounds rather resigned. She makes it clear that in the current political and social climate, a decision like Jacinda Ardern's to step down from her post as prime minister is completely understandable and almost unavoidable. Yet, by also clearly expressing her regret about this development (cf. ll. 4/5), Phillips urgently appeals to society for change, even if it might take a long time (cf. l. 51). *(897 words)*

3.1 *For this assignment, you are supposed to verbalise your own attitude towards the author's statement as well as to the given cartoon, which supports and also broadens the message of Jess Phillips' text. Accordingly, you should start by making up your mind as to your own position. If you agree with Jess Phillips and the cartoonist, find arguments and examples why. You should also go beyond the text and include your background knowledge to do so. Of course, you could also decide to disagree although finding arguments might be a bit harder in that case, as the article and cartoon already guide you in a certain direction. When it comes to putting forward your opinion, be careful not to ramble but focus on the text and the cartoon respectively and give your opinion in a structured and logical way. The sample solution mentions the following points:*

- ***introduction:** general agreement with Jess Phillips' point of view*
- ***message of Phillips' article summarised:***
  - *Ardern's exhausting position as one of few female political leaders*
  - *particularly difficult to juggle society's expectations of a working mother*
- ***description and interpretation of the cartoon:***
  - *man and woman in pole vaulting competition, where the wall symbolises career progression; man has larger pole than woman*

- • *message: career progression is made more difficult for women*
- ***arguments which prove the message of the cartoon (and the article) right:***
  - *employers often more reluctant to hire or promote women*
  - *pressure on working mothers (both from the inside and the outside)*
  - *traditional male dominance in the world of business hinders women's career progression*
- ***concluding comment on the message of text and cartoon:*** *disparity of opportunities for men and women*
- ***conclusion:*** *real equality has not been reached yet*

introduction

In her article for the *Guardian*, Jess Phillips expresses sympathy for Jacinda Ardern's decision to step down from her post as prime minister of New Zealand. According to her, society almost forced her to come to this point of exhaustion, which is an opinion I would agree with.

message of Phillips' article

Throughout her premiership, Ardern was not only faced with the challenges of leading the country, overseeing the government's policies and programmes and managing New Zealand's relations with other countries, but also had to come to terms with being one of the few women on the stage of international politics. According to Phillips, this role constituted an asset as well as an obstacle for Ardern. On the one hand, she claims that Ardern's distinct style of leadership benefited New Zealand's politics by allowing emotions and empathy to play a part in the office of prime minister. On the other hand, Phillips points out that not only Ardern's gender, but also her double roles as politician and mother meant that she had to work twice as hard as her male counterparts to be accepted in her position.

description and interpretation of the cartoon

This is an observation that many women will be able to confirm. While on the surface our society seems to have achieved gender equality, offering equal educational opportunities to girls and boys alike, once a woman enters the job market, she will hit obstacles unnoticed by her male colleagues. The cartoon illustrates this perfectly: On the surface, both candidates seem to face the same challenge in their career progression, but the woman's chance of overcoming the barrier is hampered by the significantly shorter pole she has. Thus, even though she actually seems slightly ahead (defying her heels and dress), the man she is competing with will probably take the barrier first, or at least with less effort than her. She is literally going to hit a brick wall in her attempt to rise, and if she ultimately manages to vault over the wall, the effort will have cost her considerably more energy than her male competitor.

In reality, the shorter pole can take many forms – women are held back from rising in their professional life in multiple ways. To start with, employers prefer to hire men because they supposedly are less likely to go on prolonged paternity leave. As a result, the expectation that women might focus less on their careers than on family encumbers their progression from very early on. Working mothers are expected not to work full time, which reduces their opportunities to present themselves for promotion and limits their salary as well as their retirement pay.

arguments: employers' reluctance to hire or promote women

You could say that this is a question of priorities and that part-time workers put their offspring before their career voluntarily. Unfortunately, however, even if women do choose a career, they might not be totally happy with their decision because deep inside, many of them will feel a nagging sense of inadequacy, draining them of their energy and preventing them from focusing on their goals as much as men can. This sense is either applied from the outside by a society that still scrutinises women for pursuing their personal goals instead of focusing on care work, or by women themselves because they have subconsciously imbibed these societal values.

pressure on working mothers

Even women who remain childless often encounter a metaphorical glass ceiling in the world of business that prevents them from advancing in their career in the same way their male colleagues do. The reasons for this are very complex, but prejudices as well as tradition and so-called old boys' networks certainly play a role. As long as most positions of power are still filled with men, the indirect or direct discrimination against women will probably continue.

traditional male dominance in the world of business

As a consequence, a majority of women will have experienced inequality in their career progression and especially working mothers will be able to empathise with Jess Phillips' experience when she describes a constant feeling of guilt over neglecting her children and a sense of exhaustion from a double mental load her partner is totally unused to. His plans and ambitions are not hampered by social expectations of his behaviour. Admittedly, there is a growing number of men who try to break out of these stereotypical roles, and many of them suffer the same social backlash as women: they forgo career opportunities and lose pay. But still – to stay in the context of the cartoon – by and large men are allowed to choose the height of the walls and the length of the poles they use to vault themselves. The sky is their limit.

concluding comment: disparity of opportunities

Considering these disparities, it is too early to celebrate gender equality because women are still subject to scrutiny concerning their private and professional lives. Multiple women are up

conclusion

against exhaustion every day, and Jacinda Ardern's resignation has finally made this glaringly obvious. Let us hope that this will serve as a wake-up call that our society's double standards need to change – not only in politics, but for all women, in the job force as well as in their roles as carers: No woman is automatically destined to be a mother and housewife first and a career woman second, but the full set of opportunities should be extended to everyone and all duties, professional as well as domestic ones, should be shared equally among the genders.

(884 words)

3.2 *This creative assignment is more open than 3.1. You are not required to refer to the original text but of course you may draw on ideas from it as well as on your background knowledge. When it comes to content, make sure you mention both chances and challenges young people in the 21st century face. While you might be tempted to concentrate on the challenges, as they are also the main focus of the article you have read, do not forget the fictional celebratory occasion for which you write your text. You are required to assume the role of a speaker at a graduation ceremony, so you should not only talk about negative things but also praise and encourage your listeners. Also pay attention to the formal requirements of a speech, such as the correct way of addressing your audience or the use of stylistic devices to keep the attention of your listeners. Although a genuine speech would not be put down on paper word for word, you should make sure to write complete sentences and use an appropriate register. Do not forget to wrap your speech up by referring to your listeners' situation again.*
The sample solution is structured in the following way:

- *address to the audience*
- ***introduction:** reference to the situation of the graduation ceremony*
- ***chances** in the 21st century*
- ***challenges** the graduates face, with a focus on **gender imbalance:***
  - *elaboration on imbalances: female perspective*
  - *elaboration on imbalances: male perspective*
- *graduates' **chance to change the world for the better***
- *(humorous) **conclusion***
- *greeting*

Dear graduates, — address

I feel honoured to be standing here before you today as you celebrate your graduation. Congratulations to each and every one of you for your hard work, dedication and perseverance. This time last year, I was in your place, and I remember the feeling of elation: finally, you can take your lives into your own hands. The future is wide open! So, before you start the next chapter of

introduction: reference to the situation

your lives, I want to take a moment to reflect on the chances and challenges that young people face in the 21st century.

chances in the 21st century

When I look at you, I see a group of young, gifted people impatient to try out their talents and accomplish their dreams. The world is your oyster! And never have young people had more opportunities before them than our generation. We are spoilt for choice. All the same I'd like to warn you – there are still challenges ahead you might not be aware of yet.

challenges: focus on **gender imbalance**

True, we worry about climate change, international conflicts, financial crises and our chances on the employment market. But some of the most unexpected challenges you might encounter are the persistent gender imbalances that still exist in our society. Despite the significant progress that has been made in recent years, women continue to face systemic barriers that limit their opportunities and potential. It's no secret that the gender pay gap has still not been overcome, with women earning less than men for the same work in many areas. It is a blatant fact that women are underrepresented in leadership positions across all sectors, from art to business to politics.

elaboration on imbalances: female perspective

How is this possible, with more girls than boys graduating from school with top grades? Shouldn't more women reach leading positions? Where do all the highly qualified women go? The simple answer is: More often than not, they go to several places at once and often work harder than their male peers. Apart from pursuing their career, they also carry around the mental as well as physical load of caring for children, friends or elderly parents. That can be highly rewarding on a personal level, but on a professional level, it is exhausting and financially costly. You cannot climb the career ladder as high and as fast as your competitors with a double burden on your back. You cannot progress as far as others if an invisible glass ceiling blocks your way. So, to all the young women before me today: be vigilant. You might have to work twice as hard as the young men sitting next to you to reach the same level of success.

male perspective

Admittedly, it's not just women who are impacted by gender inequality. Men, too, are affected by rigid gender norms that limit their ability to express themselves and pursue their interests freely, and they might suffer the consequences if they try to break out of traditional male role patterns. So, I think it would be in everybody's best interest if we try and break down ALL the barriers of gender expectations. After all, what do we have to lose except the unfair advantage of one gender over the other, respectively the suffocating rigidness of conforming to a prefixed identity?

Joking aside, ultimately it will be a win for everybody when we reach true equality because only then can we reach our true potential. Despite all the challenges before us, I'm optimistic about the future. "Why?", you may ask. "Why should we be able to change societal patterns that have been entrenched for years?" Let me put it quite simply: because you know so much about various lifestyles these days, you have met so many different people throughout your school career and you have let yourselves feel enriched instead of threatened by their diversity. And last but not least, you have learnt to ask all the critical questions. So, I truly believe that our generation has the chance to create a more equitable and just society, where gender roles no longer limit opportunities and freedom. It starts with each of us, as individuals, challenging our own biases and assumptions about societal norms. As you move forward and leave your school years behind you, I'd like to encourage you to embrace the challenges ahead of you. Never stop asking! Together, you can make the world a better place!

graduates' **chance to change the world for the better**

At the end of my speech, I want to address you girls again: If it sometimes feels as if you have to work twice as hard to achieve your goals as everybody else – in the end, pursuing your dream will be worth the effort. I'd like to conclude with some famous words about the dancer Ginger Rogers: "After all, she did everything that Fred Astaire did. She just did it backwards and in high heels."

conclusion

Congratulations again, dear graduates. The world is at your feet, high-heeled or not. *(807 words)*

greeting

Schleswig-Holstein – Englisch
Abiturähnliche Übungsaufgabe 2 *(The Individual and Society)*

Bernardine Evaristo, *Girl, Woman, Other*

These lines are taken from a chapter called "Amma".

they married and moved to Peckham[1]

I was their last child and first girl, Amma explained, blowing smoke into the already thickening fug of the room

my three older brothers became lawyers and a doctor, their obedience to the expectations of our father meant I wasn't pressurized to follow suit

his only concern for me is marriage and children

he thinks my acting career is a hobby until I have both

Dad's a socialist who wants a revolution to improve the lot of all of mankind

literally

I tell Mum she married a patriarch

look at it this way, Amma, she says, your father was born male in Ghana in the 1920s whereas you were born female in London in the 1960s

and your point is?

you really can't expect him to 'get you', as you put it

I let her know she's an apologist for the patriarchy and complicit in a system that oppresses all women

she says human beings are complex

I tell her not to patronize me

Mum worked eight hours a day in paid employment, raised four children, maintained the home, made sure the patriarch's dinner was on the table every night and his shirts were ironed every morning

meanwhile, he was off saving the world

his one domestic duty was to bring home the meat for Sunday lunch from the butcher's – a suburban kind of hunter-gatherer thing

[…]

he doesn't know I'm a dyke, are you kidding? Mum told me not to tell him, it was hard enough telling her, she said she suspected when pencil skirts and curly perms were all the rage and I started wearing men's Levis

she's sure it's a phase, which I'll throw back at her when I'm forty

Dad has no time for 'the fairies' and laughs at all the homophobic jokes comedians make on telly every Saturday night when they're not insulting their mother-in-law or black people

[…]

The following lines are taken form a chapter called "Yazz", Yazz being Amma's daughter.

Yazz was allowed to wear exactly what she liked so long as she wasn't endangering herself or her health she wanted her to be self-expressed before they tried to crush her child's free spirit through the oppressive regimentation of the education system

she has a photo of her daughter walking down the street wearing a plastic Roman army breastplate over an orange tutu, white fairy wings, a pair of yellow shorts over red and white stripy leggings, a different shoe on each foot (a sandal and a welly), lipstick smudged on her lips, cheeks and forehead (a phase), and her hair tied into an assortment of bunches with miniature dolls hanging off the ends

Amma ignored the pitying or judgemental looks from passers-by and small-minded mothers at the playground or nursery

Yazz was never told off for speaking her mind, although she was told off for swearing because she needed to develop her vocabulary

(Yazz, say you find Marissa unpleasant or unlikeable rather than describing her as a shit-faced smelly bottom)

and although she didn't always get what she wanted, if she argued her case strongly enough, she was in with a chance

Amma wanted her daughter to be free, feminist and powerful

later she took her on personal development courses for children to give her the confidence and articulacy to flourish in any setting

big mistake

Mum, Yazz said at fourteen when she was pitching to go to Reading Music Festival with her friends, it would be to the detriment of my juvenile development if you curtailed my activities at this critical stage in my journey towards becoming the independent-minded and fully self-expressed adult you expect me to be, I mean, do you really want me rebelling against your old-fashioned rules by running away from the safety of my home to live on the streets and having to resort to prostitution to survive and thereafter drug addiction, crime, anorexia and abusive relationships with exploitative bastards twice my age before my early demise in a crack house?

Amma fretted the whole weekend her little girl was away

adult men had been ogling her daughter since before puberty

there are a lot more paedophiles out there than people realize

a year later Yazz was calling her a feminazi[2] when she was on her way out to a party and Amma dared suggest she lower her skirt and heels and raise the scoop neck of her top so that at least 30 % of her body mass was covered, as opposed to the 20 % currently given a decency rating

not to mention *The Boyfriend*, glimpsed when he dropped her off in his car

as soon as Yazz was in the door, Amma was waiting in the hallway to ask her the sort of harmless question any parent would ask

who is he and what does he do? hoping Yazz would say he was in the sixth form, a relatively harmless schoolboy then

Yazz replied with dead-pan insolence, Mum, he's a thirty-year-old psychopath who abducts vulnerable women and locks them in a cellar for weeks on end while he has his wicked way with them before chopping them into pieces and sticking them in the freezer for his winter stews

before waltzing upstairs to her room leaving a whiff of whacky-backy[3]

nor is the child she raised to be a feminist calling herself one lately feminism is so herd-like, Yazz told her, to be honest, even being a woman is passé these days, we had a non-binary activist at uni called Morgan Malenga who opened my eyes, I reckon we're all going to be non-binary in the future, neither male nor female, which are gendered performances anyway, which means your *women's* politics, Mumsy, will become redundant, and by the way, I'm humanitarian, which is on a much higher plane than feminism

do you even know what that is? *(964 words)*

Bernardine Evaristo, Girl, Woman, Other, *London: Penguin Books 2019, pp. 19–21, 37/38*

The style of the text (e. g. spelling and punctuation) is identical to the original version of the excerpt.

1 *Peckham:* a district in southeast London
2 *feminazi:* (pej.) combination of the words "feminist" and "nazi"
3 *whacky-backy:* (sl.) cannabis

Assignments

1. Outline what we learn about Amma's family background. *(25 %)*
2. Analyse how the changing self-image of women is presented in the excerpt. Focus on narrative perspective and use of language. *(40 %)*
3. Choose **one** of the following tasks. *(35 %)*

3.1 Assess the role family and social communities play in a person's development. Also refer to Amma's and Yazz's experiences in the novel.

3.2 You are doing an internship for an advocacy organisation whose aim is to inform the general public about the situation of LGBTIQ+ people worldwide. Write an article for the organisation's website commenting on the infographic below.

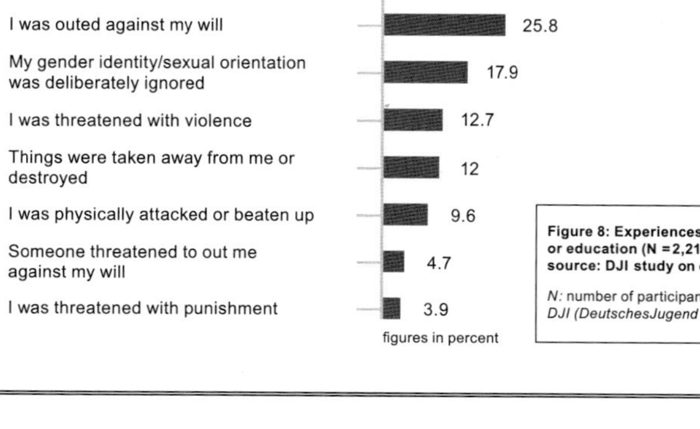

© Claudia Krell / Kerstin Oldemeier: "Coming out - what next?!" German Youth Institute, Munich 2015, https:// www.researchgate.net/publication/324167887_Coming_out-what_next_A_DJI_research_project_into_the_lives_of_lesbian_gay_bisexual_and_trans_adolescents_and_young_adults_German_Youth_Institute, p. 20. Translated by Fiona Potter and George Austin Cliff

Figure 8: Experiences of discrimination in places of work or education (N =2,217) (multiple answers were possible); source: DJI study on coming out, 2015

N: number of participants
DJI (DeutschesJugend Institut): German Youth Institute

Lösungsvorschläge

1. *In this task you have to present briefly what you learn about Amma's family background, which implies both the family she was born into and her daughter, Yazz. It makes sense to structure your answer into paragraphs, focusing on her parents and siblings, herself and her daughter. Do not forget to write a short introduction, in which you mention the basic facts about the excerpt and reformulate the task. The following points could come up in your answer:*
   - ***introduction:*** *basic facts about the excerpt and reference to the task*
   - ***information on Amma's family members:***
     - *Amma's father:*
       - *at some point in his life living in Peckham, London (cf. l. 1)*
       - *socialist (cf. l. 8)*
       - *considered a patriarch (cf. ll. 10, 15, 20)*
       - *born in Ghana in the 1920s (cf. ll. 11/12)*
       - *homophobic, doesn't know about Amma's sexual orientation (cf. ll. 26, 30/31)*
     - *Amma's mother:*
       - *works full-time (cf. l. 19)*
       - *takes care of the family home and the children's education (cf. ll. 19–21)*
       - *does not take Amma's coming out as a lesbian seriously (cf. l. 29)*
     - *Amma's siblings:*
       - *three older brothers (cf. l. 4)*
       - *two lawyers, one doctor (cf. l. 4)*
       - *fulfilled their father's wish (cf. ll. 4/5)*
     - *Amma:*
       - *born in the 1960s (cf. l. 12)*
       - *acting career, not taken seriously by her father (cf. l. 7)*
       - *identifies as lesbian (cf. l. 26)*
     - *Amma's daughter, Yazz:*
       - *raised to be open-minded, independent, confident, feminist (cf. e. g. l. 51)*
       - *despite her free-spirited education, feels restricted by her mother (cf. e. g. l. 66)*
       - *calls herself humanitarian (cf. ll. 85/86)*

introduction

In the extract of Bernardine Evaristo's novel *Girl, Woman, Other*, published in London in 2019, the reader meets the protagonist, Amma, and learns about her family background. This includes both the family Amma was born into and the one she later starts herself.

Amma's parents and siblings

Amma's father was born in Ghana in the 1920s. He moved to Great Britain and at some point during his married life to Peckham, London. He is a socialist but is also described as a patriarch and homophobe. Despite working full-time, Amma's mother also took care of the education of her now grown-up children and of their home. She never even complains about her husband not helping in the household duties. Amma has got three older brothers, who are lawyers and a doctor. According to Amma, this is what their father expected them to become.

Amma herself was born in the 1960s. She pursues an acting career, which is not taken seriously by her father. She self-identifies as lesbian, which her mother considers merely a phase and which her father is not meant to know. Amma

Amma has got a daughter of her own called Yazz, who she raises to be open-minded, independent, confident and a feminist. Despite being given lots of liberties, Yazz feels restricted by her mother's care and describes herself as humanitarian because she regards feminism as outdated. *(223 words)* Yazz

2. *Here you are asked to analyse the image Amma's mother, Amma and her daughter Yazz have of themselves. The task already indicates that this image is not the same for all three of them, so you should point out the differences. In doing so, pay close attention to narrative perspective and language and the way they influence the presentation of the three women.*
You can structure your solution in the following way:
   – ***introduction***
   – ***narrative perspective:***
      - *excerpts from "Amma": mainly first-person narration (Amma) (exception: "Amma explained", l. 2)*
      - *excerpt from "Yazz": third-person narration (Amma's perspective as well):*
         - *"she wanted" (l. 36)*
         - *Amma's view on other mothers (cf. ll. 43/44)*
         - *"big mistake" (l. 54)*
   – ***Amma's mother:***
      - *traditional, working housewife and mother:*
         - *enumeration (cf. ll. 19–21) to stress her various chores*
         - *does not question her own role, understanding/supportive of her husband (cf. ll. 11/12, 14)*
      - *traditional view of women:*
         - *says that she "suspected" that her daughter is lesbian because she does not follow the latest fashion trends (cf. ll. 27/28)*
         - *Amma's mother does not take her coming out seriously ("a phase", l. 29)*
      - *words with a negative connotation to present Amma's critical view of her mother:*
         - *"apologist for the patriarchy" (l. 15)*
         - *"complicit in a system that oppresses all women" (ll. 15/16)*
      - *Amma's criticism of her father, which is an indirect criticism of her mother as well:*
         - *"the patriarch" (l. 20) used in derogatory way*

        - *ironic/sarcastic metaphor: "a suburban kind of hunter-gatherer thing" (l. 24)*
    - *Amma's hypocritical reproach:*
        - *Amma is not willing to even consider her mother's point of view (cf. short, aggressive question in l. 13)*
        - *she feels patronised when her mother tries to explain her view (cf. l. 18) although it is in fact rather Amma who patronises her mother (cf. ll. 15/16)*
- ***Amma:***
    - *raises her own daughter completely differently from the way she was raised:*
        - *words with negative connotations when talking about other mothers (cf. l. 43) or "the system" (cf. "crush her child's free spirit", l. 36; "oppressive regimentation", l. 37)*
        - *comical detailed description of Yazz's attire (cf. ll. 38–42)*
        - *enumeration in l. 51 stresses her educational aims*
    - *Amma's education backfires:*
        - *comments on Yazz's education as a "big mistake" (l. 54)*
        - *Yazz seems verbally superior (cf. ll. 55–58)*
    - *Amma is not so very different to other mothers:*
        - *considers Yazz "her little girl" (l. 63)*
        - *worries a lot, especially when it comes to men ("paedophiles", l. 65;* "The Boyfriend", *l. 70)*
- ***Yazz:***
    - *looks down on her mother:*
        - *calls her "old-fashioned" (l. 59)*
        - *makes fun of her and provokes her with exaggerations (cf. ll. 60–62, 75–78)*
        - *calls her a "feminazi" (l. 66) because Amma thinks Yazz's clothes are too revealing (cf. ll. 66–69)*
    - *considers herself progressive:*
        - *feminism is "herd-like" (l. 81)*
        - *looking at people as non-binary is the latest trend (cf. l. 83)*
        - *humanitarianism replaces feminism (patronising question in l. 87)*
- ***conclusion:*** *each generation judges the former one to be old-fashioned and thinks it knows better*

introduction

In the excerpt three women from three consecutive generations are presented, Amma's mother, Amma and her daughter Yazz. Each of these three women has a self-image that differs completely from that of the other two, and the way the reader perceives these differences is influenced by the narrative perspective and language used.

narrative perspective: Amma's point of view

The excerpt is told from Amma's point of view. The parts taken from the chapter "Amma" are almost entirely told by Amma herself in the first person. In contrast, the part taken from the chapter "Yazz" is told by a third-person narrator. Still, even in that latter part, the reader sees the action through Amma's eyes because they learn what she wants (cf. l. 36) or what she thinks of others (cf. ll. 43/44) or her own educational decisions (cf. l. 54).

Amma's mother: working housewife and mother

Amma's mother is presented as a traditional working housewife and mother. To underline how many various chores she has, enumeration is used in lines 19 to 21: She has a full-time job and the education of her four children as well as the household are mostly her responsibility. Amma's mother does not question her role but is understanding and supportive of her husband. In lines 11, 12 and 14 she tries to explain the reasons for his attitude to her daughter.

traditional view of women

Her own view of women is very traditional too, not only when it comes to the gender roles she adheres to in her marriage, but also regarding the way a "typical" woman should look and be like: she "suspect[s]" (l. 27) her daughter to be a lesbian when she does not dress like most young women do (cf. ll. 27/28). Moreover, she does not take Amma's coming out seriously and calls it "a phase" (l. 29).

Amma criticises her parents

Accordingly, Amma's view of her mother is a rather negative one, which is underlined by the language Amma uses: She calls her mother "an apologist for the patriarchy" (l. 15) and "complicit in a system that oppresses all women" (ll. 15/16). The way Amma's father is depicted is further criticism on his wife who does not stand up to "the patriarch" (l. 20), as Amma derogatorily calls him. She also makes fun of her father's "domestic duty" (l. 23), which is metaphorically linked to prehistoric times as "a suburban hunter-gatherer thing" (l. 24).

Amma's hypocritical reproach

When her mother tries to explain her and her husband's views, Amma feels patronised (cf. l. 18). Her reproach, however, is to be taken with a grain of salt because it has been rather Amma herself with all her highbrow words (cf. ll. 15/16) that patronised her mother. That she is not willing to even consider another view becomes apparent when she reacts to her mother's explanations only with the short, aggressive question, "and your point is?" (l. 13). As a result, the reader tends to sympathise with Amma's mother in that part of the excerpt.

Amma: very different style of education when it comes to her own daughter

Amma herself seems to gradually realise the limitations of her progressiveness when she has a daughter of her own. She plans to raise her completely differently to what she experienced herself. A comical, very detailed description of what she allows Yazz to wear (cf. ll. 38–42) underlines her anti-authoritarian style. Her educational aims are enumerated and thus further stressed in line 51.

When she talks about other mothers, she uses words with a negative connotation to express her own superiority to them. She considers them "judgemental" (l. 43) and "small-minded" (l. 43). In a similarly critical and condescending way she talks about the "system", which she accuses of "crush[ing] her child's free spirit" (l. 36) and of exercising an "oppressive regimentation" (l. 37).

words with negative connotations to describe other mothers or "the system"

However, at least parts of her education seem to have been a "big mistake" (l. 54), as the narrator herself comments. Yazz is verbally superior to her mother and uses Amma's own arguments and highbrow words against her (cf. ll. 55–58). Thus, Amma is made fun of and beaten at her own game.

education backfires

Also, she worries about her daughter a lot, which shows that she is not so different from other mothers in that respect. She panics, for example, about men, who are considered "paedophiles" (l. 65), and about *"The Boyfriend"* (l. 70). The capitals and italics indicate that Amma probably overestimates his importance. Despite all her efforts to promote Yazz's independence, Amma still sees her as "her little girl" (l. 63).

Amma not so very different to other mothers

Yazz, in return, considers her mother "old-fashioned" (l. 59). She looks down on her and calls her a "feminazi" (l. 66), because Amma thinks her daughter's clothes are too revealing (cf. ll. 66–69). According to Yazz, feminism is outdated and looking at people as non-binary is the latest trend (cf. l. 83). Humanitarianism has replaced feminism (cf. ll. 85/86), which is disqualified as being "herd-like" (l. 81). When Yazz feeds her mother's fears with highly exaggerated examples of what could happen to her (cf. ll. 60–62, 75–78) or patronisingly asks her whether she even knows what being humanitarian means (cf. l. 87), it is now Amma with whom the reader empathises.

Yazz looks down on her mother and considers herself progressive

To conclude, one can say that each woman in *Girl, Woman, Other* judges her predecessor to be old-fashioned and thinks she knows better. Through the generations, Amma's mother, Amma and Yazz have turned from traditional working housewife to independent, lesbian feminist and finally to outspoken non-binary humanitarian. As the reader follows this development through Amma's eyes and her often ironic words, they can see how easily each woman's perceived superiority can be challenged by even newer and more progressive ideas. *(925 words)*

conclusion

3.1 *In this evaluation task you need to assess in how far family and social communities influence a person's development. Apart from this rather general question you need to consider Amma's and Yazz's experiences. Make sure that in your solution*

you both refer to examples from the text and make some more general observations on the topic. When it comes to structuring your text, you can either use the examples from the excerpt as a starting point and develop some more general conclusions from these or start with the influence of family and social communities in general and use examples from the novel to bolster your view.
The sample solution uses the latter structure:

- ***introduction***
- *general role that **family** and **social communities** play in a person's development*
  - *family = primary source of socialisation*
    - *first place where a person learns about values, beliefs and norms*
    - *ideally providing emotional support and guidance, helping to develop a sense of self-worth and confidence*
  - *social communities shape the development further*
    - *sense of acceptance and belonging when adhering to a common set of rules and values*
    - *peers particularly important and influential at a certain stage in life*
  - *however, influence can also be negative: rejection and distance instead of acceptance and imitation*
- ***Amma's experiences:***
  - *mother points out importance of social community (cf. ll. 11/12), daughter and father grew up completely differently, cannot understand each other*
  - *Amma attempts to distinguish herself from her parents*
- ***Yazz's experiences:***
  - *also attempts to distinguish herself from her mother*
  - *influenced by university (= social community) (cf. ll. 81–86)*
  - *her mother's education becomes apparent in the way Yazz expresses herself: Amma wants her to express herself well (cf. ll. 45/46, 52/53), Yazz is able to argue well (cf. ll. 55–62)*
- ***conclusion:** family and social communities are essential for a person's development, even if someone chooses to distance themselves from the influences around them*

Families and social communities play a very important role in a person's development because they shape their identity. Amma and Yazz, two of the protagonists in the excerpt from *Girl, Woman, Other*, illustrate the different forms this influence can take very well. **introduction**

One's family is the primary source of socialisation because it is the first place where a person learns about values, beliefs and norms. From very early on, children get to know both the values, beliefs and norms that a family adheres to and also those they dismiss. Ideally, families also provide emotional support and guidance and can thereby help a person to develop a sense of self-worth and confidence. **family:** values, beliefs, norms

As children grow older, social communities shape their development further because they provide more social interactions and show which kind of behaviour is acceptable and which is not. When people adhere to a community's rules and norms, they may be rewarded with a sense of belonging. In this respect, peers are very influential, especially during puberty, when young people become more independent from their families and look for new social circles.

social communities:
sense of acceptance and belonging

Thus, family and communities shape a person's identity and influence their attitudes, beliefs and behaviours. However, this does not mean that the influence of people's families or the other communities they find themselves in is always a positive one. Instead, from a certain age onwards, people can also individually decide to rebel against conformity and against values and beliefs they do not share.

influence can also be negative

This is also shown in *Girl, Woman, Other*: Amma's mother expresses the influence of social communities very clearly, when she tries to explain that Amma and her father cannot understand each other because the circumstances they grew up in are simply too different (cf. ll. 11/12). Amma protests against that view and does not seem to forgive her father for simply adhering to the traditions he grew up with. According to her, it is possible to shake off such limitations.

Amma:
protests against influence of social communities

That is also what Amma herself does when it comes to her family ties: She clearly opposes her father's homophobic attitude. Fearing his reaction, she keeps her sexual orientation a secret from him (cf. l. 26), but through her sarcastic descriptions of both her parents' lifestyles, she makes it obvious that she feels above their narrow-minded and old-fashioned views. Consequently, she turns into quite a different person from her mother precisely because she chooses to distinguish herself from the role model she offered. While Amma's mother was a traditional working housewife, Amma becomes an independent woman who seems to raise her daughter without a husband.

attempt to distinguish herself from her family

Yazz also tries to distinguish herself from her mother. It becomes apparent that it is mainly her social community, namely university, which has a big influence on her. There she gets in contact with the notion of humanitarianism, gender and considering people non-binary (cf. ll. 81–86).

Yazz:
influenced by her social community

Yet, despite her alleged rejection of her mother's education, its influence also shows itself, for example in the way she expresses herself. Her mother put a lot of emphasis on language (cf. ll. 45/46) and even sent Yazz to "personal development courses for

influenced by her education

children" (l. 52) in order for her daughter to learn to be articulate. In discussions with her mum, Yazz proves that these courses were successful indeed (cf. ll. 55–62).

All in all it can be said that family and social communities are essential for a person's development. They influence how people see themselves and define their values even if they choose to distance themselves from what they have grown up with. **conclusion**

(594 words)

3.2 *In this task you need to write an article for the website of an LGBTIQ+ advocacy organisation. In this article you need to comment on the figures given. This means that you do not have to refer back to the narrative text you have analysed in the preceding tasks. Instead, study the given statistics closely and interpret their message. You will probably not mention all figures in detail, so ask yourself which ones are particularly striking and can best support the aim of your article. To answer the latter question, put yourself in the shoes of someone working for an LGBTIQ+ advocacy organisation and think about the aims you want to achieve with your article.*

Possible aims of your article could be:

- *to inform your readers about the situation LGBTIQ+ people face at school, at university or at work to create awareness of the problem*
- *to invite your readers to sympathise with LGBTIQ+ people*
- *to demand change*

When it comes to the formal elements necessary for the text form article, you need to come up with a headline and make sure that your language is rather formal. Use linguistic means to reach the aims of the article, e. g. evaluative adjectives or rhetorical devices. Your first paragraph should answer the wh-questions.

A possible structure for your answer could be:

- ***introduction:** wh-questions*
  - *who: 2,217 LGBTIQ+ people*
  - *when: 2015*
  - *what: they were asked about their experiences of discrimination in places of work or education*
  - *short summary of findings: many face problems, due to the widespread heteronormative assumptions about gender and sexual identity in society*
- ***description** of the main findings of the infographic:*
  - *overall message: LGBTIQ+ people are discriminated against at places of education or at work, their gender identity/sexual orientation plays an enormous part in these places although it should not*
  - *particularly striking findings:*
    - *more than half of the people interviewed were insulted, mocked or called names*
    - *often their gender identity/sexual orientation was either overemphasised, ignored or not taken seriously*

    - *they experienced all kinds of threats or actual violence*
- ***interpretation:***
  - *school, university, work are no safe places for LGBTIQ+ people*
  - *it is made difficult for them to focus on their education or their work, which could have negative consequences for their career*
  - *LGBTIQ+ people's physical and psychological well-being is threatened*
  - *negative consequences for society at large*
- ***demands:***
  - *everybody can help, either by facing people who threaten LGBTIQ+ people or by offering support (becoming allies)*
  - *diversity in educational institutions and workplaces needs to be encouraged*
  - *sexual and gender diversity needs to be addressed, e.g. in teaching materials, during awareness-raising projects*
  - *professionals need to be trained to be able to address the topic and to know how to react in various situations*
- ***concluding appeal***

Study shows sad truth — headline

In a study on coming out, which was conducted in 2015 in the name of the German Youth Institute, 2,217 LGBTIQ+ people were interviewed about their experiences of discrimination in places of work or education. It became apparent that an incredible number of the people interviewed were discriminated against at school, university or work because they led non-heteronormative lives.

introduction: wh-questions

When we look at the findings and assume that not much has changed in recent years, it is hard to believe that someone's sexual orientation or gender identity can still play such an enormous role in places of education or work, where the focus should be a completely different one. More than half of the people interviewed were insulted, called names or mocked. Often their gender identity or sexual orientation was either overemphasised (41 %), not taken seriously (29.1 %) or deliberately ignored (17.9 %). What is more, the participants in the survey experienced all kinds of threats or actual violence. Almost one person in ten was even physically attacked or beaten up.

description of the main findings of the infographic

This means that schools, universities and workplaces are often not safe for LGBTIQ+ people. While it does not become clear from the statistics whether the perpetrators of discrimination are peers or superiors, the impact of their behaviour can be dramatic in any case. In other words, it is very concerning that those who do not conform to heteronormative assumptions about sexual and gender identity have to worry about whether someone might beat them up or whether they will be discriminated against, and cannot therefore concentrate on their actual aims: studying or

interpretation of the findings

getting a job done. Sooner or later, this could have consequences on their career and/or their health. We know that bullying and discrimination have a negative impact on people's physical and psychological wellbeing. Health problems, sometimes even suicide, can be the results of such a mental burden.

This is a situation we simply cannot tolerate because everybody has the right to be treated equally and to develop in a supportive and open environment, no matter their race, religion, ability status, gender or sexual identity. Discrimination is not only a problem that affects LGBTIQ+ people, but it goes right to the heart of our society.

relevance of the findings for society as a whole

But there is also good news: As we are all involved, we can all be part of the change as well. Everybody can help by standing up to people who either bully LGBTIQ+ people or simply behave disrespectfully. Even if we might not always feel up to an open confrontation, we can at least offer support to those who are affected.

demands:
on the individual

However, this is not enough. We need to stop discrimination before it happens. So, diversity in places of education and work needs to be encouraged. This means that non-heteronormative lifestyles must be both addressed and normalised, e. g. in teaching materials or through awareness-raising projects, but also by an open-minded employment practice. The more positive role models LGBTIQ+ people encounter, the safer and more welcome they will feel. In any case, professionals who work with young people need to be trained to be able to address the topic and to learn how to react when LGBTIQ+ teens want to talk about their sexual and gender identity or when they are challenged by others.

on the system

The statistics show that it might still be an uphill struggle to reach the goal of non-discriminatory education. Yet, it is up to every single one of us to win this fight: Let's stand up to discrimination wherever and for whatever reason we witness it. For those who are suffering from discrimination at the moment, for those who might be affected by it at some point in the future and for a better society at large. *(623 words)*

concluding appeal

Andrew Simms, "Developed Nations Have Sown the Wind, Vanuatu Has Reaped the Whirlwind"

When the president of Vanuatu[1] said that years of progress had been wiped out by a single extreme weather event, it was both a warning and an echo. Hurricane Mitch did the same to Nicaragua and Honduras in 1998; and in 2005 political failure combined with the collapse of sea defences under the onslaught of Hurricane Katrina to wreck the rich, vibrant culture of New Orleans. Climatic extremes in a warming world stand to reverse human progress and expose broken social contracts.

But in the case of Vanuatu there seems to be a crueller twist. Vanuatu is distinguished by having come top of a global index that measures how ecologically successful (low in impact) nations are at producing good lives for their people – so-called "happy life years". Vanuatu beat all other nations through treading lightest on the Earth for the quality and length of life its people enjoyed. Now it sits in the pathway of a giant climatic steamroller, fuelled by the energy-intensive lifestyles of nations much further down that index.

Its people are the national equivalent of the individual who leads an exemplary, healthy life only to suffer chronically due to someone else's bad habit – innocent, global victims of passive smoking. Vanuatu's president, Baldwin Lonsdale[2], was quick to point the finger of blame at manmade climate change for the severity of Cyclone Pam[3], saying that "the cyclone seasons, the warm, the rain, all this is affected".

Many may think it's too soon to jump to such conclusions. For years cautious scientists have balked at attributing the effect of warming to individual events. Attribution can sometimes be hard to prove, either for methodological reasons of complexity or due to lack of data. While trepidation remains, things have changed rapidly. Instead of simple claims of cause and effect, climate scientists now readily discuss how the probability of any particular event has been raised by the existence of warming.

Hence joint work in 2011 by the National Oceanic and Atmospheric Administration in the US and the UK's Met Office concluded that a Texas heatwave was 20 times more likely to be caused by climate change than by natural weather variation. A winter warm spell in Britain the same year was 62 times more likely than in the 1960s. The Met Office's Hadley Centre now confidently states that it "can identify any changed risk of such events".

In time, more analysis will be done on Cyclone Pam, but Lonsdale's personal experience and gut reaction fits a pattern of expectations described [...] in the IPCC's[4] Fifth Assessment Report. It concluded that: "The frequency of the most intense storms will more likely than not increase in some basins. More extreme precipitation near the centres of tropical cyclones making landfall is projected in North and Central America, east Africa, west, east, south and southeast Asia as well as in Australia and many Pacific islands."

So, while the present is pretty bad for Vanuatu, in a warming world the future looks set to worsen. For this island nation, that is bitterly ironic. Vanuatu is an archipelago in the western Pacific, famous for having no regular military. When it topped the index in 2006 its ecological footprint per person was no higher than those in non-industrialised countries like Mali and Swaziland, life expectancy matched that in Turkey, and life satisfaction levels were considered as high as New Zealand's. It is democratic, rich in natural wealth but, being remote, exports little, avoiding the scramble of competing in global markets. It is also hugely culturally diverse with more than 100 languages spoken across its islands.

Small island states tend to do very well in the index topped by Vanuatu. Over countless generations and in the face of geographical isolation, many Pacific islands developed more cooperative economies and highly resilient farming methods. In a warming world they are bellwethers[5], and carry lessons for us all. If climate change renders small island states unliveable, the international community will sooner or later have to learn to accept and support environmental refugees. Though this would be tragic, remote island populations can, at least, relocate. However, blue island-planet populations cannot.

We will seal our own fate if we fail to learn to share and live within our overall environmental thresholds. There is a long way to go. [...] *(711 words)*

Simms, Andrew: "Developed Nations Have Sown the Wind, Vanuatu Has Reaped the Whirlwind". In: The Guardian, *Copyright Guardian News & Media Ltd 2023*

1 *Vanuatu:* archipelago in the South Pacific consisting of about 82 islands
2 *Baldwin Lonsdale (1948–2017):* President of Vanuatu from 2014 until 2017
3 *Cyclone Pam:* Cyclone Pam hit Vanuatu and damaged large parts of the archipelago in March 2015.
4 *IPCC*: Intergovernmental Panel of Climate Change
5 *bellwether:* something that is used as an indicator of what will happen in the future

Assignments

1. Summarise what happened in Vanuatu and why. Also summarise the conclusions the author draws from the event. *(25 %)*
2. Analyse how the author tries to convince the readers that they need to "live within [their] overall environmental thresholds" (ll. 55/56). In doing so, focus on structure, argumentative techniques and the language used. *(40 %)*
3. Choose **one** of the following tasks. *(35 %)*

3.1 Discuss if it makes sense for individuals to act in a more environmentally friendly way if they are likely "to suffer chronically due to someone else's bad habit" (l. 15) anyway.

3.2 As an inhabitant of a small Pacific Island, you have been invited to attend an international youth conference. There you take part in a debate on the consequences of climate change. Write an opening statement in which you demand developed countries adopt a less energy-intensive lifestyle.

Lösungsvorschläge

1. *You should briefly name the events in Vanuatu and the reasons that are given for them. Furthermore, you need to mention the conclusions the author draws as presented in the text. Start your text with a short* ***introduction*** *in which you name the main details (author, title, source of publication) of the article.*
   - *what happened:*
     - *Vanuatu was hit by a cyclone in March 2015. (cf. l. 17)*
     - *The country was devastated. (cf. ll. 1/2)*
   - *reasons:*
     - *Vanuatu is not to blame for the event because the nation itself lives in a very environmentally friendly way. → They pay for the energy-intensive lifestyles of other nations. (cf. ll. 7–13, 40–42)*
     - *The president of Vanuatu blames global warming. (cf. ll. 16–18)*
     - *While this conclusion is not accepted by everyone, the author quotes a report which supports the president's view. (cf. ll. 19–37)*
   - *conclusions:*
     - *The number of environmental refugees will increase. (cf. ll. 50–52)*
     - *One day the earth might become uninhabitable. (cf. ll. 53/54)*
     - *We all need to be more conscious of the effect we are having on our climate and need to live in a more environmentally friendly way. (cf. ll. 55/56)*

In his article "Developed Nations Have Sown the Wind, Vanuatu Has Reaped the Whirlwind" published in *The Guardian*, the journalist Andrew Simms briefly describes what happened in Vanuatu. He then gives reasons for the events and draws conclusions from them. **introduction**

In March 2015, Vanuatu was hit by Cyclone Pam and its islands were completely devastated. The president of Vanuatu blames global warming for what happened and although Simms admits that not everybody agrees with the president's analysis, he also quotes a report that supports it. Furthermore, the author mentions that Vanuatu itself is not to blame because this nation lives in a very environmentally friendly way. According to him, developed nations who have more energy-intensive lifestyles are to blame but Vanuatu has to pay the price. **main part:** events and reasons for them

Simms predicts that the number of environmental refugees will increase and that one day the earth might be uninhabitable. He concludes that we all need to be more conscious of the effect we are having on our planet and its climate and that we need to live in a more environmentally friendly way. *(179 words)* conclusions

2. *This task demands that you analyse how the author tries to convince the readers of his view. You are meant to focus on structure, argumentative techniques and language. Also write a short* ***introduction*** *in which you explain what you are about to examine and a* ***conclusion*** *in which you summarise your findings.*
   - ***structure:***
     - *headline: sets the tone → Vanuatu has to pay for the behaviour of developed nations*
     - *shows that Vanuatu is not an isolated case (cf. ll. 1–6)*
     - *takes up headline → developed nations and their lifestyles to blame for global warming (cf. ll. 7–18)*
     - *reactions to the analysis that global warming is responsible for the cyclone that hit Vanuatu (cf. ll. 19–37)*
     - *dire predictions for the future of islands like Vanuatu, our planet and its inhabitants (cf. ll. 38–54)*
     - *conclusion that lifestyle must become less energy-intensive (cf. ll. 55/56)*
   - ***language:***
     - *biblical proverb which is slightly adapted to emphasise that others caused the damage which Vanuatu has to suffer (cf. headline)*
     - *words with a positive connotation to describe Vanuatu and its inhabitants, e. g. "distinguished" (ll. 7/8), "ecologically successful" (ll. 8/9), "exemplary, healthy" (ll. 14/15), "innocent" (l. 15)*
     - *contrasted by words with a negative connotation to describe developed nations and climate change, e. g. "giant climatic steamroller" (l. 12), "energy-intensive lifestyles" (l. 12)*
     - *figurative language to stress that Vanuatu is a victim (cf. ll. 10–16)*
     - *enumeration to stress Vanuatu's achievements (cf. ll. 40–43)*
   - ***Argumentative techniques:***
     - *examples (cf. ll. 1–5)*
     - *facts (cf. ll. 7–11, 40/41)*
     - *numbers (cf. ll. 26, 28)*
     - *experts' views and a quotation from a study (cf. ll. 19–37)*

introduction: thesis / reference to assignment

The author's intention in writing this article is to convince the readers that they need to "live within [their] overall environmental thresholds" (ll. 55/56). He tries to achieve his aim by using a structure that leads to the conclusion quoted above, by employing different argumentative techniques and by making use of words that underline both the difference between Vanuatu and developed nations and the author's interpretation that Vanuatu is suffering instead of these developed countries.

main part: structure

This interpretation is introduced right in the headline. The author then shows that Vanuatu is not an isolated case but that other countries have been hit by extreme winds, too (cf. ll. 1–6). In the second and third paragraph, the journalist takes up the headline again and describes in more detail that developed nations are to blame for global warming and, therefore, climate change (cf. ll. 7–18). In the following three paragraphs he presents reactions to the analysis of Vanuatu's president, who claims that global warming is responsible for the cyclone that hit his country. The author briefly mentions doubts (ll. 19–22) but then dwells on experts, organisations and numbers that support the president's view (cf. ll. 22–37). This indicates that he favours this interpretation of the events himself. In the seventh and eighth paragraph he makes dire predictions about the future of islands like Vanuatu, our planet and its inhabitants to emphasise that we need to take action (cf. ll. 38–54), which leads him to his final conclusion that we have to have less energy-intensive lifestyles (cf. ll. 55/56). Thus, the article's structure leads very logically to the final conclusion that appears to be convincing.

language: choice of words with positive connotation (Vanuatu) and negative connotation (developed nations)

The language employed stresses the view that developed nations are to blame for Vanuatu's misfortune. The differences in lifestyles and their consequences are emphasised. Vanuatu's inhabitants are "ecologically successful" (ll. 8/9) and therefore "distinguished" (ll. 7/8). They lead "an exemplary, healthy life" (ll. 14/15). All these words have a positive connotation and therefore underline that Vanuatu's people are "innocent" (l. 15). They are contrasted with developed nations, which are accused of causing "a giant climatic steamroller, fuelled by […] energy-intensive lifestyles" (ll. 11/12). Thus, developed nations are depicted as villains.

proverb

This contrast is already introduced in the headline, which is an adapted proverb from the Bible. The original proverb "they that sow wind shall reap whirlwind" is applied to people who start trouble that grows larger than planned. In this case, however, someone else, namely the developed countries, started the trouble that another party, namely Vanuatu, has to suffer from. This stresses the injustice of the situation.

figurative speech

Additionally, the author uses figurative speech to stress this idea. He compares Vanuatu to "the individual who leads an exemplary, healthy life only to suffer chronically due to someone else's bad habit – innocent, global victims of passive smoking" (ll. 14–16). Furthermore, developed nations, as mentioned above, are blamed for having set free a "steamroller" (l. 12), which ruthlessly destroys other nations. The intended effect of the language used is that people in developed countries should have a guilty conscience and realise that their lifestyle needs to be changed.

argumentative techniques: examples, facts

The argumentative techniques employed support that view. The journalist argues that now extreme weather events happen regularly as Cyclone Pam is an "echo" (l. 2) of preceding hurricanes.

To prove this assertion Simms gives several examples (cf. ll. 2–5). The claim that Vanuatu's people lead an exemplary life is backed up by a global index in which Vanuatu excelled (cf. ll. 7–11, 40/41). Thus, the journalist bases his argument on facts, which makes him more trustworthy.

When Simms supports the analysis of Vanuatu's president that Cyclone Pam was caused by global warming, he refers to unnamed climate scientists who "now readily discuss how the probability of any particular event has been raised by the existence of warming" (ll. 23/24). Furthermore, he quotes from the IPCC's Fifth Assessment Report (ll. 33–37), refers to organisations that share his view (cf. ll. 25–30) and uses their numbers (cf. ll. 26, 28) and thus bases his argument on experts' views, which adds authority to his reasoning.

reference to experts, numbers

All in all, Simms makes it clear that people in developed nations need to change their lifestyles if they do not want to live at the expense of somebody else's well-being. He achieves this by using language in a way that clearly contrasts the victim and the perpetrator, by using structure purposefully to make it lead to his final conclusion and by basing his arguments on examples, facts and experts' reports. *(769 words)*

conclusion: reference to task

3.1 *Here you need to come up with convincing arguments for and against the individual living in an environmentally friendly way even though they alone may not be able to effect real change like preventing global warming. After carefully weighing the pros and cons, you need to come to a conclusion.*

- ***introduction:*** *Present the topic and point out the dilemma for the individual.*
- ***pros:***
  - *It does not help to bury one's head in the sand.*
  - *A good example may encourage others to follow, e.g. Greta Thunberg's School Strike for Climate that inspired a worldwide protest movement.*
- ***cons:***
  - *Cite the example of the people in Vanuatu.*
  - *The influence of the individual is too insignificant compared to energy-intensive companies.*
  - *The USA and China are responsible for almost 40 % of global greenhouse gas emissions. They signed the climate change agreement in 2016 in Paris. However, the reductions they are planning might not be sufficient to reach the 1.5-degree goal. Former US president Donald Trump even pulled the US out of the agreement, so political pledges might be unreliable.*
  - *Global warming is not an immediate threat, which makes it hard to persuade people to change their behaviour.*
- ***conclusion:*** *Balance the pros and cons and state your own opinion.*

When discussing climate change, 1.5 is the magic number. We need to stabilise the global temperature within one and a half degrees above pre-industrial levels, or else the extra input of greenhouse gases, for example those locked in the arctic ice, will wipe out most of the life on earth. In order to achieve this goal, we need to cut emissions by a high percentage in the years ahead. This goal seems hard to achieve; one might even say impossible. Therefore, the question arises whether it makes any sense at all for individuals to act in a more environmentally friendly way if they are likely "to suffer chronically due to someone else's bad habit" (l. 15).

introduction

People who think it does make sense may point out that no one, at least no doctor, would recommend a non-smoker who contracts lung cancer to start smoking because he will die anyway. Only deeply pessimistic and sarcastic people would do so. The same could be said to be true for global warming because we cannot bury our heads in the sand and do nothing just because the big players, for instance energy-intensive companies, emit too many greenhouse gases.

pros:
burying one's head in the sand does not help

On the contrary, the individual needs to set a good example to encourage others to follow. Take Greta Thunberg, whose School Strike for Climate started as a private initiative and turned into a global phenomenon. She showed that even a teenage girl could inspire millions of people to fight for more environmental protection and eco-conscious behaviour. So, individuals can be the little drops of water that can make an ocean.

setting an example to encourage others to follow it

On the other hand, there are good reasons that support the view that the individual is not powerful enough to stop global warming. Take Vanuatu as an example: the nation as a whole, and not just the individual inhabitants, led an exemplary life as far as the emission of greenhouse gases is concerned. In spite of this, Cyclone Pam destroyed many people's houses. So their excellent behaviour did not save them from suffering the consequences of global warming.

cons:
Vanuatu's example

The USA and China, who together are responsible for almost 40 % of our global greenhouse gas emissions, signed the climate change agreement in 2016. Yet, the fact that Donald Trump pulled out of the agreement during his presidency shows that political pledges without binding legal contracts are always unreliable. Although Joe Biden renewed the USA's commitment to the Paris Agreement, it might be almost impossible to stay within the 1.5-degree limit because efforts started too late and too half-heartedly.

big spenders need to change their behaviour, but are unreliable

The basic problem is that we are evolutionarily equipped to deal with immediate threats. Global warming, however, is not an immediate threat so we do not feel the need to react. Once people start to feel that threat, it will be too late.

global warming as a long-term (not an immediate) threat

Altogether, I truly believe that individuals alone are too ineffective to help with climate change. Of course, they can make some effort and set good examples, but if the big spenders do not change their behaviour radically, the 1.5-degree goal is unattainable. Then it might be wiser to enjoy the remaining years on our planet without denying ourselves pleasures like weekend trips to Paris or Mallorca, because rough times are certainly ahead.

conclusion

(538 words)

3.2 *In this assignment you have to prepare an opening statement for a debate at an international youth conference. Your topic is climate change and its consequences; your aim is to convince developed nations to change their lifestyle to a less energy-intensive one. As it is an opening statement, you need to greet the audience and thank them for the invitation before you briefly state your topic and its importance and make your point of view clear. Here you should try to catch the listeners' attention by making a provocative statement or telling an anecdote. In the main part you need to develop your ideas convincingly, supporting your arguments by facts and evidence. Finally, round off your speech by appealing to the audience or depicting a vision of the future.*

As your audience consists of international youth, your language does not need to be too formal but still, you are giving a debate statement, so informal language is not appropriate either. Very importantly, use language that appeals to your listeners' emotions and, if possible, also try to use some rhetorical devices.

- ***introduction:***
  - *Express your thanks for the invitation ("Thank you for inviting me to this important conference").*
  - *Announce your topic (climate change and its consequences).*
  - *State your opinion ("I demand developed nations abandon their energy-intensive lifestyles").*
- ***main part** in which you support your view:*
  - *Refer to experts who believe that climate change causes extreme weather events.*
  - *Refer to the events in Vanuatu despite the inhabitants' environmentally friendly lifestyles.*
  - *Depict the differences in lifestyle and their consequences.*
  - *Give examples of an energy-intensive lifestyle and show how it can be changed.*

- ***conclusion:*** *Round off your statement by doing one of the following:*
  - *Summarise your statement.*
  - *Depict a vision of the future (either positive if your aim is reached or negative to show the consequences if not).*
  - *Call for action.*
  - *Appeal to the listeners.*
  - *Ask a rhetorical question.*

greeting

Dear fellow youth,

introduction

Thank you for inviting me to this important conference. I am glad to be here because there is something I would like to bring to your attention: On 13 March 2015 I was having a wonderful meal with my family. We were all gathered in our kitchen, talking, laughing and eating food my mum had prepared from what she had harvested from our garden. One day later, on 14 March 2015 there was no more laughing, and there was no more kitchen, no more garden and most importantly, no mother. Cyclone Pam had taken them all. I am standing here today because I do not want other people to suffer that same fate. I am standing here today because I firmly believe that man is to blame for extreme weather events and I am standing here today because I want to ask developed nations to give up their energy-intensive lifestyles.

main part:
experts' negative opinion of climate change

For years, scientists were hesitant when asked if extreme weather events were caused by climate change. These days it is different. Scientists more readily accept the connection between climate change and disastrous weather events like Hurricane Katrina or Cyclone Pam.

personal example of Vanuatu

The catastrophe that hit my country was terrible and I can assure you that none of you would want to experience it. We in Vanuatu were deeply frustrated, not only because we lost most of what was dear to us, but because we felt and still feel today that we paid the price for developed nations that simply do not live within their environmental thresholds. In our country, we have developed cooperative economies and highly resilient farming methods. Altogether we leave only very light carbon footprints and, therefore, excelled in the global index that measures how ecologically successful nations are at producing good lives for their people. Still, our country was hit and destroyed by that cyclone. As a result, we feel like an innocent global victim of passive smoking.

energy-intensive lifestyles

The smokers, as we see it, are developed nations. They use and abuse nature and its resources as if there were no hole in the ozone layer, no global warming, no threat to our planet. The problem is, of course, that living in a more environmentally friendly way means you have to do without some of the things you enjoy, like going on a weekend trip by plane, or eating strawberries in December. It means you have to do without some of these things now to prevent horrible living conditions in the future. Unfortunately, the impact of global warming is not felt unless your country is hit by extreme weather and so far, developed nations have mostly been spared these catastrophes. Consequently, they do not feel the need to change anything.

However, in the long run, people in developed countries will profit from living in a more environmentally friendly way, too. Firstly, you do not need to have a guilty conscience if you hear about the next ecological catastrophe. Secondly, if we do not have any environmental refugees, they will not overrun your country. Thirdly, you yourself will not become an environmental refugee if you help to keep our planet liveable. **conclusion:** arguments for change

For the sake of us all, I ask you, as of today, to change your lifestyle and to tread more lightly on our beautiful but threatened planet, which is the only home we have. *(558 words)* appeal to audience

Schleswig-Holstein – Englisch
Abiturähnliche Übungsaufgabe 4 *(Global Chances and Challenges)*

Helon Habila, *Oil on Water*

The novel Oil on Water *is told by Rufus, a young Nigerian journalist. Together with Zaq, a far more experienced local journalist, he travels to the Niger Delta in search of a British oil engineer's wife, who has been kidnapped. On their journey they spend some days with some villagers. Their chief, Chief Ibiram, tells them about their encounter with an oil company.*

My mind went back to our first night in Chief Ibiram's house. We had finished eating. It was too early to sleep, and the Chief and his brother had withdrawn to one side, speaking softly, listening to the radio. And the Chief had hesitated a long time when Zaq asked him, Are you happy here? But finally, he lowered the radio volume and cleared his voice. […]

Once upon a time they lived in paradise, he said, in a small village close to Yellow Island[1]. They lacked for nothing, fishing and hunting and farming and watching their children growing up before them, happy. The village was close-knit, made up of cousins and uncles and aunts and brothers and sisters, and, though they were happily insulated from the rest of the world by their creeks and rivers and forests, they were not totally unaware of the changes going on all around them: the gas flares that lit up neighbouring villages all day and all night, and the cars and TVs and video players in the front rooms of their neighbours who had allowed the flares to be set up. Some of the neighbours were even bragging that the oil companies had offered to send their kids to Europe and America to become engineers, so that one day they could return and work as oil executives in Port Harcourt[2]. For the first time the close, unified community was divided – for how could they not be tempted, with the flare in the next village burning over them every night, its flame long and coiled like a snake, whispering, winking, hissing? Already the oil-company men had started visiting, accompanied by important politicians from Port Harcourt, holding long conferences with Chief Malabo, the head chief, who was also Chief Ibiram's uncle.

One day, early in the morning, Chief Malabo called the whole village to a meeting. Of course he had heard the murmurs from the young people, and the suspicious whispers from the old people, all wondering what it was he had been discussing with the oil men and the politicians. Well, they had made an offer, they had offered to buy the whole village, and with the money – and yes, there was a lot of money, more money than any of them had ever imagined – and with the money they could relocate elsewhere and live a rich life. But Chief Malabo had said no, on behalf of the whole village he had said no. This was their ancestral land, this was where their fathers and their fathers' fathers were buried. They'd been born here, they'd grown up here, they were happy here, and though they may not be rich, the land had been good to them, they never lacked for anything. What kind of custodians of the land would they be if they sold it off? […]

But the snake, the snake in the garden wouldn't rest, it kept on hissing and the apple only grew larger and more alluring each day. And already far off in the surrounding waters the oil-company boats were patrolling, sometimes openly sending their men to the village to take samples of soil and water. The village decided to keep them away by sending out their own patrols over the surrounding rivers, in canoes, all armed with bows and arrows and clubs and a few guns. […] The canoe patrol was something of a desperate measure, and this soon became very clear. It turned out to be the excuse the oil companies and the politicians who worked for them needed to make their next move. One day the patrol came upon two oil workers piling soil samples into a speed-boat. There was a brief skirmish, nothing too serious – one of the oil workers escaped with a swollen jaw, the other with a broken arm – but the next day the soldiers came. Chief Malabo was arrested, his hands tied behind his back as if he were a petty criminal, on charges of supporting the militants and plotting against the federal government and threatening to kidnap foreign oil workers. The list was long – but, the lawyer said, if the elders would consent to the oil company's demands, sell the land …

[…] But the villagers remained firm. Chief Malabo, whenever they went to see him, told them not to give in, not to worry about him – but they could see how he was deteriorating every day. And then they went to see him one day and were told he was dead.

Here Chief Ibiram paused in his story, his voice breaking. They were given his body, which was wrapped in a raffia mat and a white cloth, and told to take him away.

Just like that. The following week, even before Chief Malabo had been buried, the oil companies moved in. They came with a whole army, waving guns and looking like they meant business. They had a contract, they said, Chief Malabo had signed it in prison before he died, selling them all of his family land, and that was where they'd start drilling, and whoever wanted to join him and sell his land would be paid handsomely, but the longer the people held out, the more the value of their land would fall.

Zaq shifted. – So what happened?

– They sold. One by one. The rigs went up, and the gas flares, and the workers came and set up camp in our midst, we saw our village change, right before our eyes.

And that was why we decided to leave, ten families. We didn't take their money. The money would be our curse on them, for taking our land, and for killing our chief. We left, we headed northwards, we've lived in five different places now, but always we've had to move. We are looking for a place where we can live in peace. But it is hard. So your question, are we happy here? I say how can we be happy when we are mere wanderers without a home? *(997 words)*

Helon Habila: Oil on Water. *London: Hamish Hamilton 2010, pp. 37f.*

1 *Yellow Island:* a place on Nigeria's coast
2 *Port Harcourt:* big city in the south of Nigeria

Assignments

1. Describe the measures taken by the oil company to obtain the villagers' land. *(25 %)*

2. Compare how the villagers as well as their situation and the oil company are portrayed. Focus on narrative techniques and the use of language. *(40 %)*

3. Choose **one** of the following tasks. *(35 %)*

3.1 "It's true that globalisation, with all its fantastic improvements in the world and the technological progress linked to it, has increased inequality […] And there are people who were left behind […]" (António Guterres, Secretary-General of the UN since 2017, *1949)
Discuss advantages and disadvantages of globalisation, taking into account both Guterres' statement and the excerpt from *Oil on Water.*

3.2 The natural science course of your Nigerian friend has been dealing with the impact of the oil industry on Nigeria's environment. Your friend has asked you whether there are similar problems in Germany. Write an article for the Nigerian school paper in which you assess to what extent the production of energy influences the environment.

Lösungsvorschläge

1. *Here you only need to focus on the different steps the oil company has taken to drive the villagers off their land. The following aspects should be included:*
   - *work together with local politicians (cf. ll. 19/20, 25)*
   - *meet and discuss with the villagers' chief (cf. ll. 20/21)*
   - *offer huge amounts of money: want to relocate villagers, promise a life of luxury (cf. ll. 25–28)*
   - *send boat patrols, first only watch the village from a distance (cf. ll. 35/36)*
   - *come closer, take samples of soil and water in the village (cf. ll. 36/37)*
   - *two oil company workers get into a minor fight with villagers (cf. ll. 42–44)*
   - *accuse chief of several crimes, have him taken away and arrested (cf. ll. 44–48)*
   - *arrive at village with guns after the death of Chief Malabo (cf. ll. 55–57)*
   - *claim chief had signed a contract to sell his land before he died (cf. ll. 57/58)*
   - *start drilling there (cf. ll. 58/59)*
   - *offer to buy the other villagers' land (cf. ll. 59/60)*
   - *the sooner the villagers sell, the more money they get (cf. l. 60)*

   Start your text with a short ***introduction*** *in which you name the topic of the excerpt and refer to its source.*

introduction

In the excerpt from the novel *Oil on Water* written by Helon Habila and published in 2010, a Nigerian chief tells two local journalists how an oil company expelled them from their land in the Niger Delta. The company's strategies to lay hands on the land turned increasingly aggressive the longer the villagers resisted.

company's strategies: before Chief Malabo's death

From the start, the oil company works together with local politicians. Together they meet with the villagers' chief to persuade him to sell the land to the company. To bribe the chief and the villagers they offer huge amounts of money, which is meant to help the villagers relocate to another part of the country. When the chief does not accept the offer, the oil company tries to intimidate the villagers by sending patrols to the area. First, they do not come too close but later they come to the land and take samples of soil and water. By doing so, they get into a minor fight with some of the villagers, who have started to patrol their own land. As a consequence, the oil company has an excuse to accuse the chief of several crimes, which leads to his arrest. When the villagers are still not willing to give up their land, they are told that their chief has died.

after Chief Malabo's death

The following week the oil company men come in great numbers and heavily armed to take over the village and to start drilling. They claim that the chief has sold them his part of the land and offer to pay the other villagers off, too. However, they will pay less the later they decide to sell. That way, they put pressure on the villagers who either sell their land or leave without taking the company's money. *(291 words)*

2. *In this task the focus is slightly different from the one in the first task. Here you do not need to focus on the oil company's action but on the way the company is portrayed. Also, you need to compare the image conveyed to the image conveyed of the villagers and their situation. You are asked to pay special attention to the way the narrative situation influences the way you perceive the villagers and the oil company and to the way language is used to portray both parties. Take into account aspects like choice of words and stylistic devices.*
The sample solution uses the following structure:
- ***introduction:** villagers and oil company as antagonists, with sympathy for the villagers*
- ***narrative technique:***
  - *first-person narrator*
  - *relates story as told by Chief Ibiram → involved in the action*
  - *limited point of view*
  - *highly subjective → reader is presented the villagers' perspective → reader is influenced*
- ***portrayal of villagers** as happy, carefree and responsible:*
  - *"Once upon a time" (l. 6) → fairy tale*
  - *"happy" (l. 8) before the oil company arrived*
    - *enumerations underline image of a self-sufficient community (cf. ll. 7–10)*
    - *"paradise" (l. 6) → reference to Bible → no worries*
  - *villagers have lived on the land for a long time (cf. ll. 29–31)*
    - *repetition of "fathers" (cf. ll. 29/30)*
    - *repetition of "here" (cf. ll. 30/31)*
    - *see themselves as "custodians of the land" (l. 32)*
- ***portrayal of oil company** as evil force:*
  - *repetition of the word "money" (ll. 26/27) → importance of money → meant to tempt the villagers → sow dissent → materialistic*
  - *allusion to the expulsion from Paradise (cf. ll. 34/35)*
- ***portrayal of villagers** as defenceless but strong-willed:*
  - *enumeration (cf. l. 39)*
  - *"desperate measure" (l. 40)*
  - *remain "firm" (l. 49)*
- ***portrayal of oil company** as powerful and deceitful:*
  - *"important politicians" (l. 20)*
  - *"a whole army" (l. 56)*
  - *use an "excuse" (l. 40) to arrest Chief Malabo*
  - *blackmail villagers: unfinished sentence structure (cf. ll. 47/48)*
  - *kill Chief Malabo (cf. l. 65)*

- *claim he sold his land ("they said", l. 57)*
- *dehumanised: mostly "the oil companies" (cf. ll. 14, 40/41, 55/56), rarely "the oil-company men" (l. 19)*

– ***portrayal of the villagers** as "broken" after Chief Malabo's death:*
- *short sentences stress finality (cf. l. 62)*
- *those who left become "wanderers" (l. 69)*
- *not "happy" (l. 68) any longer*

– ***conclusion***

In this excerpt the oil company is portrayed as a disruptive, evil force whereas the villagers are portrayed as their victims. This image is stressed by the use of narrative techniques and language, especially choice of words. **introduction**

The novel is told by a first-person narrator (cf. l. 1), namely Rufus, a young Nigerian journalist. Rufus relates the events involving the villagers and the oil company as told by Chief Ibiram, which makes it seem like a first-hand report although Rufus himself did not witness any of the action. This becomes apparent by the insertion "he said" in line 6. Chief Ibiram, however, is involved in the action. Thus, the actions are presented from a highly subjective, limited point of view. The reader only sees the action through the chief's eyes and not from the perspective of the oil company. As a result, the narration is biased and the reader is invited to feel with the villagers and to take on their standpoint. **narrative technique**

Before the oil company becomes interested in their land, the villagers were "happy" (l. 8), they lived as in a fairy tale (cf. l. 6). This image is underlined by two enumerations (cf. ll. 7–9) which show that they were self-sufficient and a closely-knit community. Furthermore, Chief Ibiram says they used to live in "paradise" (l. 6), which is a reference to the Bible and indicates that the villagers did not know any worries and "lacked for nothing" (l. 7). **portrayal of villagers** as happy and carefree: fairy tale and Bible allusions

The villagers live in harmony with the land they inhabit. They see themselves as "custodians of the land" (l. 32), a word which indicates that they take responsibility for the land and protect it. Also, the repetition of the word "fathers" (cf. ll. 29/30) makes it clear that it is important to them to live on "ancestral land" (l. 29). Additionally, the repetition of "here", as opposed to "there", underlines their attachment to that particular piece of land (cf. ll. 30/31). **portrayal of the villagers** as responsible: have lived on the land for a long time

Their happiness ends when the oil company offers them money in exchange for their land. The word "money" is repeated four times to stress its importance (cf. ll. 26/27) and to characterise the oil company as materialistic. The money is "the apple [which] **portrayal of oil company** as evil only [grows] larger and more alluring each day" (ll. 34/35). Together with the word "paradise" (l. 6) and the word "snake" (l. 34), which here represents the oil, the reference to Adam and Eve's expulsion from Paradise becomes obvious. In this extract, the oil company is the driving force behind the villagers' expulsion from their paradise and thus it is undeniably evil.

villagers as strong-willed but defenceless

However, the villagers do not accept the offer but remain firm, a word which is later on used to characterise them explicitly (cf. l. 49), although they are more or less defenceless. This is stressed by another enumeration listing their means of defence. They are "armed with bows and arrows and clubs and a few guns" (ll. 38/39). Chief Ibiram uses the word "desperate" (l. 40) to describe their attempt to keep away the oil company's men and to portray the villagers as victims.

oil company as powerful and deceitful

The oil company, on the other hand, is powerful. They have "important politicians from Port Harcourt" (l. 20) on their side and "a whole army" (l. 56). They flaunt their power to deceive the villagers. They use "a brief skirmish, nothing too serious" (l. 43) as an "excuse" (l. 40) to arrest Chief Malabo. Here, the choice of words portrays the oil company as dishonest. This image is further underlined by their attempt at blackmailing the villagers (cf. ll. 47/48). Though Chief Ibiram does not call it blackmail, his unfinished sentence is clearly meant to lead the listeners to that conclusion. What is worse, the oil company is said to have killed Chief Malabo (cf. l. 65) and to pretend that he sold them his land (cf. ll. 57/58). The insertion "they said" (l. 57) indicates doubt. Thus, the oil company is portrayed not only as dishonest but as an unscrupulous murderer. In this context it is also interesting to note that the narrator rarely speaks of "men" (l. 19) but rather of "the oil companies" (e. g. ll. 14, 40/41, 55/56), which serves to dehumanise them.

villagers' "broken" spirit after Chief Malabo's death

Their chief's death finally breaks the villagers' fighting spirt. Some sell their land, others leave without taking the money. The use of short sentences (cf. l. 62) underlines the finality of their loss. Those who leave become "wanderers" (l. 69) which is a sharp contrast to their former life, and they are not "happy" (l. 68) any longer because they have lost everything.

conclusion

All in all, it can be said that the villagers and the oil company are portrayed as antagonists. Whereas the villagers are the victimised heroes, the oil companies are the evil characters. This image is supported by the choice of words, especially by the allusion to the bible. Due to the narrative technique chosen, the narration is biased, which gives the reader very subjective insight into the action and influences their perception of both parties tremendously. *(847 words)*

3.1 *In this discussion task you should juxtapose advantages and disadvantages of globalisation. As you are given a quote as a basis, it makes sense to explain Guterres' statement in your own words in your introduction. Continue by listing arguments that present globalisation in either a positive or a negative light. For each of your arguments, use fitting examples from the excerpt to bolster your view. As both the text and the quote are rather critical of globalisation, it makes sense to take that stance in your answer as well, but of course you are also free to come to a more positive conclusion.*
The sample solution uses the following structure:
- ***introduction:*** *explanation of quote*
- ***advantages*** *of globalisation:*
  - *interconnections between different regions of the world (new modes of transport and communication):*
    - *exchange of ideas can lead to a progressive mindset and facilitate new developments*
    - *example from* Oil on Water*: Nigerians' hope for their children's education (cf. ll. 13–16)*
  - *increases in wealth and prosperity:*
    - *wealth should trickle down to poorer countries too*
    - *example from* Oil on Water*: financial rewards for those who cooperate with the oil company (cf. ll. 12/13, 26/27)*
- ***disadvantages*** *of globalisation:*
  - *deterioration or even loss of cultural and social connections:*
    - *"cultural imperialism": dominant culture suppressing and finally replacing other cultures*
    - *example from* Oil on Water*: villagers are divided and finally displaced by their dealings with the oil company (cf. ll. 10–19, 66–69)*
  - *negative impact on the environment:*
    - *business people often interested in quick profits, not in long-term sustainability*
    - *example from* Oil on Water*: "paradise" (l. 6) of the past is destroyed*
  - *unfairness of globalisation: not everyone profits (or suffers) in equal measure*
- ***conclusion:*** *agreement with Guterres' and Habila's warnings and appeal for more sustainability*

introduction: explanation of quote

António Guterres voices an ambivalent view on globalisation. On the one hand, he believes that globalisation has led to technological progress and improvement, but on the other hand it is also said to be responsible for an increase in inequality. In this essay I am going to explore to what extent Guterres' statement adequately describes the advantages and disadvantages of globalisation.

advantages of globalisation: interconnections between different regions of the world

One of the defining characteristics of globalisation is that it connects different regions of the world. Be it through easier and faster modes of transportation or through the data transfer enabled by the invention of the Internet, the world has become more like a village in that people can participate in and contribute to any global development. Of course, this can be highly beneficial because an exchange or a pooling together of ideas can bring progress to all sides.

example from the novel

In *Oil on Water*, Chief Ibiram alludes to a hopeful outlook on the future as well. Progress can be brought about by communicating with other countries and cultures, which is why some villagers believe that their children might profit from being educated in Europe or the USA (cf. ll. 13–16).

increases in wealth and prosperity

More wealth and prosperity seem to be the desired outcomes of a closer connection between richer and poorer countries. Since globalisation can effect "fantastic improvements in the world and […] technological progress", as Guterres puts it, at least some profits of these developments should surely trickle down to poorer nations too. In the end, if the standards of living improve everywhere, this can only be beneficial for the world at large.

example from the novel

At least to a certain extent, *Oil on Water* offers proof of this thesis. Those villagers who do not oppose the oil company are rewarded with things like "cars and TVs and video players" (l. 12) and with "a lot of money, more money than any of them had ever imagined" (ll. 26/27) in exchange for their cooperation.

disadvantages of globalisation: deterioration or even loss of cultural and social connections

However, *Oil on Water* is also very explicit in presenting the negative sides of globalisation. For instance, it can lead to a deterioration or even loss of cultural and social connections. In the text, both the time when the villagers were only tempted by the promises of the oil company (cf. ll. 10–19) and the time after their relocation to a foreign place (cf. ll. 66–69) are shown as unhappy times. The displaced villagers feel uprooted and disconnected from their customs, traditions and home. This is a negative development that often accompanies globalisation: One dominant culture that seems alluring and attractive at first sight devours local traditions and leaves people feeling inadequate and disoriented in its wake.

negative impact on the environment

Another disadvantage of globalisation is the disregard it often pays to the environment. Globalisation is mainly motored by the economy. Business people can easily be accused of being interested in quick profits only. So, nature is ruthlessly exploited for these quick profits and like in Helon Habila's novel, a formerly harmonious "paradise [of] fishing and hunting and farming" (ll. 6/7) becomes nothing but a memory after big industry has taken over. So, economic prosperity too often comes at a very high cost, namely the destruction of nature.

unfairness of globalisation

What is worst about the above-mentioned points is that they never hit the different participants of globalised processes in equal measure. Instead, it is always the people, companies or countries in power that profit most and suffer least because they dictate the terms of any cooperation. This is the main message of both António Guterres' statement and the novel: Even if the "small players" might be lured in with promises, they will either not see these promises fulfilled or in any case will never have a chance to weigh in on any of the important decisions. In the end, political power, financial strength and even military force make sure that it is the big players' ideas that come to pass.

conclusion

All in all, both Guterres' words and Habila's novel should be read as warnings. It is so easy to be lured by the advantages of globalisation, especially when one is on the side of the "winners" and profits from the exploitation of both natural resources and poorer nations. Yet, the way globalisation mostly works is not sustainable with regard to the future. Pushing for more environmentally friendly methods, for a more balanced distribution of profits and a more equal cooperation of all partners might not pay off immediately, but it certainly will in the long run.

(744 words)

3.2 *This task is only loosely connected to the text you have dealt with so far. The focus shifts from Nigeria to Germany and from oil to energy in general, more precisely to the influence the production of energy has on the environment here in Germany. The text you need to write is an article for the Nigerian school paper. Therefore, you need to consider the structure of an article as well as background information you may need to provide.*

- *headline*
- ***introduction:** comparison between Germany and Nigeria: coal vs. oil*
- ***main part:** influence of different energy sources on the environment:*
  - *coal → changes landscape due to open cast mining, emission of CO_2*
  - *nuclear energy → cleaner but more dangerous; nuclear waste*
  - *wind, water and sun → more environmentally friendly but offshore wind parks are a problem for fish and mammals; people do not want turbines in their proximity; energy needs to be transported (and stored); people do not want energy lines in their proximity*
- ***conclusion:** future outlook*

Germany's difficult way to green energy

headline

introduction: comparison between Germany and Nigeria

Unlike Nigeria, Germany is not rich in oil. The production of oil makes up a very small part of Germany's energy production. Instead, Germany has focused for a very long time on coal. The country is relatively rich in hard and brown coal.

main part: coal

However, the extraction and burning of coal is a very dirty job both for the people working in the mines and for the environment. In recent years, more and more people have fought against the clearing of forests to extract coal and in order to reach our goals in the reduction of CO_2, Germany will have to do without coal in the long run.

nuclear energy

For quite some time nuclear energy seemed to be an alternative to coal. Nuclear energy is often said to be a clean energy but there is always the danger of a nuclear accident, which will have disastrous effects on nature and on human beings. Furthermore, there is the problem of the disposing of nuclear waste. After the accident in the nuclear power plant in Fukushima, Japan, in 2011, German politicians decided to reduce the production of nuclear energy and to even stop it completely from 2023 onwards.

renewable energy sources

Renewable energy is meant to replace both nuclear energy and coal. Energy from wind, water and sun is often called "clean energy" because these sources of energy do not emit CO_2, but they also have disadvantages.

wind parks

In the North Sea one finds huge wind parks. Marine biologists are currently discussing the danger these wind parks pose for sea life. Another problem with wind energy is that it needs to be transported from the North of Germany to the rest of the country. These energy routes also destroy the landscape.

water and solar energy

To use water energy man must again interfere with nature, e. g. the hydrologic balance may change the ecological system in a region considerably. Solar energy has probably the least negative impact on the environment because the panels can be put on roofs of houses which exist already. The problem here is that it is still difficult and expensive to store solar energy for times when the sun does not shine. Another problem might be the disposal of panels which contain toxic material.

conclusion

As can be seen, Germany is trying to produce energy in a more environmentally friendly fashion but there is still quite a way to go because people need to be convinced and efficient technology needs to be developed more quickly. Particularly in the light of recent discussions which centre around becoming independent from energy exporters like Russia, the issue will probably remain at the forefront of the political debate for quite some time to come. *(447 words)*

Monolog

Candidate A

Candidate B

Assignments

1. Describe the picture.
2. Then talk about your dream job:
   Outline the factors that influence your choice and assess whether having a certain dream job in mind is positive for starting a career.

Dialog

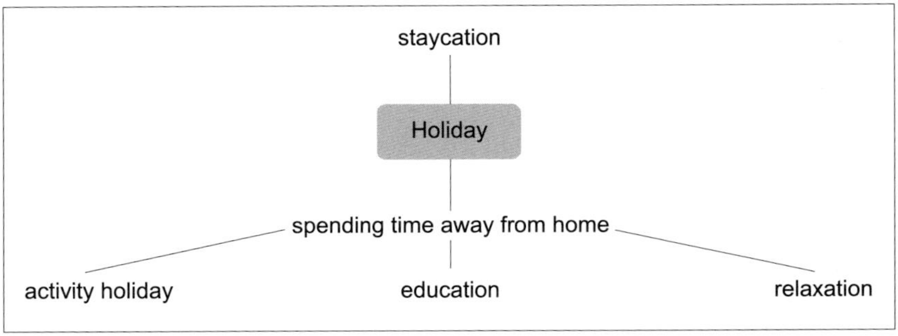

Assignments

1. Talk about different kinds of holidays and add your own ideas to the chart above.
2. Imagine you and your partner(s) would like to go on holiday together after the A-levels.
   Agree on a holiday destination with your partner(s). Besides your personal preferences, you might want to include ecological as well as financial aspects into your argumentation.

Lösungsvorschläge

Monolog

1. *This task is supposed to "warm you up" to talking about career choices. Therefore, a detailed description of the picture is not necessary. You should concentrate on the key issues. It might be helpful to think about a general topic sentence to either start or end your description, e. g. "The picture deals with different career choices and the challenge of picking a suitable one."*
It is useful to know some of the following phrases to describe visual material:
   - *"The picture shows …"*
   - *"In the background/foreground there is/are …"*
   - *"On the left/right …/Above …/Below …/Next to …/In front of …/Behind …"*

Candidate A: Description picture
- girl sitting in front of a blackboard/at a desk
- open books before her → student
- looking dreamily into the air
- above her: thought bubble with career choices

Candidate B: Description picture
- girl standing in front of a blackboard
- looking thoughtful
- seems to be undecided
- above her: thought bubble with icons (family, money, shopping cart, car, house, mobile phone, plane)

2. *Now you need to go into detail about your own dream job. It is probably a good idea to choose one you are really interested in as you should have some knowledge about it. The sample solution might give you an idea about what aspects could be worth mentioning. However, you should not forget that the task is twofold: You are not only supposed to talk about your dream job, but also to conclude your explanations with an assessment of whether an exact idea about your future profession is helpful or rather counterproductive.*

Outline:
- career choice (e. g. "I would like to be a veterinarian.")
- characteristic features that you like about the job (e. g. "In this profession I could work with animals, which I love.")
- studying/training/apprenticeship (e. g. "However, I will have to go to university and study for many semesters, which will be a challenge, but as I am interested in biology and medicine, I hope it will also be great fun.")
- positive/negative sides of the job (e. g. "Of course, I like the idea of being able to heal and save animals. On the other hand, I can imagine the difficulties of

the job as well, as sometimes I might not be able to help the sick animals and will have to put them to sleep.")

- importance of salary (e. g. "Of course, money and income also play a role and I think veterinarians are not poorly paid. However, it is not my primary concern to become rich because what is more important is that I like what I do.")
- family (e. g. "What I also love about this job is that many veterinarians I know live at their surgery. Therefore, I could have my family close to me and see them often despite possibly difficult working hours.")
- experiences/knowledge about the job (e. g. "I really think I would love this job because as an enthusiastic horse rider, I know the vet at our stable very well and have already assisted her during school holidays.")
- excitement (e. g. "What I especially like is that the job as a vet will never get boring as you treat so many different kinds of animals and a variety of illnesses.")

Assessment:

- positive point of view: "All in all, I think that it is very positive to have a certain goal in mind because you will be more motivated to reach it and chances are higher that you will be happy and successful."
- negative point of view: "However, you might have the wrong idea about the job and the work might turn out not to be what you expected, which might result in disappointment."
- conclusion: "Therefore, you should stay open-minded and flexible."

Dialog

1. *In this part of the assignment, you could start with discussing the meanings of the individual items, e. g. explain what a "staycation" is. Afterwards, you should think of concrete examples for the different ways of spending your holiday. Always remember that this part of the exam is supposed to be a dialogue. So try to talk and listen to your partner in about equal measures. You can, for example, take turns in explaining the different kinds of holidays.*

   - Staycation: staying at home
   - activity holiday: camping, hiking, sailing, going to a horse ranch, …
   - education: attending a language course abroad, visiting a city/sightseeing, working during the holidays/doing an internship, …
   - relaxation: lying on the beach, going to a spa resort, boarding a cruise ship, …

2. *Discuss the pros and cons of the different ways of spending your holidays. Listen to your partner's arguments and react to them. Then find a compromise. As pointed out in the assignment, different aspects, like your personal preferences or financial and ecological sustainability, might help you to justify your answers. In*

the following, you can find one possible dialogue. Of course, your individual solution will depend on your own ideas.

Partner A: I prefer staying at home because it is cheap and I just want to relax and get away from the daily hustle and bustle without having the stress of travelling to a faraway place.

Partner B: You could also relax at a spa resort or on a cruise ship. Then we could at least see something new. Staying at home is boring.

Partner A: But being at a crowded spa resort is not my idea of spending my holidays sensibly. I'd prefer to do something worthwhile – working for an environmental organisation, for example. Then we would not be the typical tourists who only pollute the environment, but rather give something back.

Partner B: I agree, that is a commendable aim. But on the other hand, a holiday is supposed to be a time when you are not working. If you really want to profit from our time off, how about a city trip? It is exciting and you learn millions of new things when you visit museums, see sights, etc.

Partner A: … and you will also meet millions of people. No thanks, a crowded city is not my cup of tea. Besides, city trips are really expensive. Then, I would rather spend my time at some quiet beach.

Partner B: I really think we will have to find a compromise because I like being active, seeing new things and meeting other people while I am travelling.

Partner A: Maybe we should choose a place that offers both relaxation on the beach and the possibility of going hiking, windsurfing, etc. What about going to Madeira? I have heard that its nature is spectacular and there are still places which are not too crowded.

Partner B: Oh yes, I like the idea. And isn't it the island of flowers? So, you could maybe even do something environmentally related there.

Partner A: That would be great. I will try to research whether they have some projects of the sort. So, we will only have to find out how to get there, where to stay and how to get a cheap group offer.

Schleswig-Holstein – Englisch
Abiturähnliche Übungsaufgabe 6 *(Sprechen)*

Monolog

Candidate A

© Christine Anderson/cartoonstock.com

Candidate B

© Theresa McCracken/cartoonstock.com

Assignments

1. Present the cartoon.
2. Describe how social media has changed our lives and assess whether these changes are for the better or worse.

Dialog

A "Anybody who thinks small towns are friendlier than big cities lives in a big city."
(Richard Peck: *A year down yonder.* New York: Dial Books for Young Readers, 2000)

B "City life is millions of people being lonesome together."
(Henry David Thoreau)

Assignments

1. Explain the quotations in front of you and discuss with your partner which quotation you can relate to. Give reasons for your choice.
2. Agree on a number of characteristics a city must have in order to guarantee a good life for "millions of people".

Lösungsvorschläge

Monolog

1. *When you present a cartoon, you should start by describing it. Speech bubbles or captions are usually especially important to understand the message the cartoonist is trying to convey. You could end your description with an interpretation, which will also lead you to the second task of the monologue in which you will have to focus on the controversial topic of social media in more detail.*
   Some helpful phrases for describing cartoons are the following:
   - *"The cartoon shows .../In the cartoon, you can see ..."*
   - *"In the background .../In the foreground .../In the centre of the cartoon ..."*
   - *"On the left .../In the top right-hand corner you can see .../The left half shows ..."*
   - *"The cartoon has a/no caption ..."*
   - *"The cartoonist/artist illustrates .../wants to express the fact that ..."*
   - *"The cartoon is a reference to .../refers to .../is a criticism of ..."*
   - *"The message of the cartoon is .../The cartoon might suggest that ..."*
   - *"It is an interesting, multi-layered cartoon .../It shows an exaggerated view of ..."*
   - *"To get across this message, the cartoonist ..."*

   Candidate A: Description cartoon
   - fortune teller and client, sitting opposite each other
   - fortune teller is pretending to tell the man's fortune from a crystal ball but is actually using her mobile phone to retrieve information about him from the Internet
   - information is very private: family members, favourite kind of music, time of graduation
   - **message:** to warn of the dangers of social networks that know "everything" about people

   Candidate B: Description cartoon
   - family in a car, driving by the Grand Canyon
   - mother is driving and taking photos with her mobile phone at the same time (without looking at the scenery)
   - children in the back seats are asking if they can stop to look at the Grand Canyon
   - mother refuses because they can look at her photos later (online)
   - **message:** no real experience of life, only a copy of the real world on Facebook or other social media

2. *In the second task, you should describe the effects social media has had on our daily lives. Afterwards, you are supposed to come to a balanced assessment as to whether these effects are overall positive or negative in your opinion. Feel free to include your background knowledge as well as the aspects alluded to in your cartoon. In the following, you can find some possible arguments for and against social media. You will not have time to mention all of them, rather focus on one or two pros and cons, so that your partner will also have the chance to contribute some new arguments.*

Positive effects of social media:

- It is easier to stay in contact through Facebook, WhatsApp, etc., especially with friends who live far away.
- Information is easily accessible.
- The access to information is free of charge, therefore socially just.
- It has become more difficult to keep things secret. → Information on injustices, immoral or illegal conduct by governments or companies can be shared anonymously on the Internet and fuel protests.

Negative effects of social media:

- Presenting ourselves in a favourable light becomes addictive and sometimes even more important than real-life experiences.
- We cannot concentrate on one thing at a time anymore.
- We feel we must answer our phones any time and be always accessible. → more stress
- Spying on each other has become much easier. → Our data and secrets are not safe anymore. People have become careless and share private information with strangers on Facebook, Instagram and Snapchat.
- It is increasingly difficult to distinguish the truth from fake news.

Conclusion:

- We cannot turn back time and undo the development of social media. Therefore, we should make use of its benefits, but be careful not to become addicted. For example, we could leave our phones at home from time to time and have personal face-to-face contact "only".
- While it is helpful and also socially just that information is easily accessible to everyone, we should protect our personal data as carefully as possible. We should rather not post any personal information on social networks and double-check pieces of information we have found online.

Dialog

1. *You should start off by making sure you understand the quotations correctly, so you could paraphrase them first. Then you should discuss how adequate the quotations are in your opinion.*

Explanation quote A:

- "The grass is always greener on the other side.": People tend to want what they do not have.
- Life in a big city is better than most people think, living in a small town does not only have advantages.

Explanation quote B:

- City life is very lonely.
- Although there are millions of people in a big city, they do not really have close contact with each other.

Discussion quote A:

- disadvantages of living in a small town (e.g. gossip, social control/pressure, fewer educational/recreational facilities, ...) versus advantages of city life (e.g. more independence, many choices for entertainment/work, ...)
- however, also many advantages of small town life (probably less pollution, agreeable to know everyone and feel safe, less crime, ...) and disadvantages of city life (e.g. anonymous, noisy, dirty, expensive, ...)
- true that you would probably have to know both ways of living to really compare them in a balanced way

Discussion quote B:

- cases of people dying and nobody noticing for weeks (anonymity)
- however, close personal contacts and friendships possible in city as well as in small town (depiction too negative)
- being surrounded by many people without really knowing them can feel lonelier than really being alone → loneliness in the city probably as common as in a small town, but might feel worse

2. *First of all, you should think of aspects that are important to you to lead a good life. Share these ideas with your partner. You can also include both negative and positive examples of cities you have visited to substantiate your claims.*

Possible aspects:

- cleanliness and well-organised basic infrastructure (e.g. adequate housing, water supply, waste/sewage treatment system) vs. pollution and dirt
- adequate public transport vs. traffic jams and congested streets
- good educational facilities
- hospitals
- entertainment offers (e.g. cinemas, museums, theatres, ...)
- recreational areas (e.g. parks, swimming pools, nature) vs. noise and stress
- social security and safety instead of poverty and crime
- social cohesion: smaller districts in which more familiarity is possible
- affordable prices of housing, essential goods, etc. instead of exorbitant costs of living in many cities

Abitur 2018 Schleswig-Holstein – Englisch (Kernfach)
Mediation

Text 1: Umsatzbringer „Die drei Fragezeichen“: Da sieht Lady Gaga alt aus

Seit Jahrzehnten lösen die kindlichen Krimihelden „Die drei Fragezeichen“ einen Fall nach dem anderen – und es ist kein Ende in Sicht. […]

Die Superstars dieser Welt – sie alle kommen nicht gegen drei milchgesichtige Hobby-Ermittler an. Justus Jonas, Bob Andrews und Peter Shaw, besser bekannt als „Die drei Fragezeichen“. Sie stellen selbst Showbiz-Größen wie Lady Gaga in den Schatten.

Die Reihe aus Hörspielen und Büchern über die kindlichen Krimihelden bescherte dem Musiklabel Sony-Europa und dem Kosmos-Verlag seit ihrem Deutschland-Start 1968 einen Gesamtumsatz von fast einer halben Milliarde Euro, wie die *Wirtschaftswoche* am Samstag unter Berufung auf Branchenschätzungen berichtete. In Deutschland seien bislang mehr als 45 Millionen Tonträger und 16 Millionen Bücher der Reihe verkauft worden. […]

Die Geschichten funktionieren nach einem einfachen Grundprinzip: Verbrechensaufklärung mit einer Portion Grusel und einem hohen Wohlfühleffekt. […]

(110 Wörter)

afp, 30. 11. 2013. http://www.spiegel.de/kultur/literatur/die-drei-rekordumsatz-mit-den-kindlichen-krimihelden-a-936500.html

Text 2: Kinderbuch als Bühnenshow: Die Live-Hörspiele der „Drei ???“ befördern den Kult um sie.

Ein Interview mit Jens Wawrczeck.

Drei Jugendliche, die in Kalifornien Kriminalfälle lösen: Justus Jonas, Peter Shaw und Bob Andrews sind Helden für jede Generation von Kindern in Deutschland seit 1968 – damals erschien der erste Band von *Die drei ???*[1] in deutscher Übersetzung. Die Reihe wird wegen ihres Erfolgs hierzulande weitergeführt, obwohl sie in den USA 1994 eingestellt worden ist. Zur Popularität tragen die Hörspiel-Adaptionen der Krimis bei. Seit 2002 treten die Sprecher Oliver Rohrbeck (Justus), Jens Wawrczeck (Peter) und Andreas Fröhlich (Bob) zudem mit „Drei ???“-Bühnenshows auf. Dabei verwandeln sie jede noch so schnöde Halle in den fiktiven Sehnsuchtsort Rocky Beach.

Herr Wawrczeck, warum schreibt sich der Erfolg der „Drei ???“ derart fort?

Wir werden vererbt. Menschen, die mit uns Kindheitserinnerungen verbinden, möchten uns in ihrem Leben behalten. Das klappt, wenn sie ihre Kinder *Die drei ???* hören lassen. Auch wenn ich mir den Kultstatus nicht ganz erklären kann, fiel der Beginn in eine sonnenbeschienene Stunde des Hörspiels: Die Folgen spielten in Amerika. Das war damals ein weit entferntes Land, man konnte alles behaupten. Die Cover waren sehr einprägsam und stylish, nicht unbedingt wie bei Kinderhörspielen, daher konnten auch Erwachsene das kaufen, ohne rot zu werden. Inzwischen ist das ein Familien-Produkt, bei den Live-Auftritten versammeln sich die Generationen, jeder hat seine eigene Assoziation.

Die Geschichten bedienen Heldenfantasien von Heranwachsenden; zugleich kriegen Erwachsene erzählt, dass die Dinge in einer vermeintlich komplizierten Welt mit Tatendrang und Aufrichtigkeit ganz einfach zu regeln sind. Ist das der Trick?

Wir stehen in der Tradition erfolgreicher Kinderbücher, die den Erwachsenen zeigen: Ihr wisst nicht alles, ihr könnt nicht alles. Zudem sind Justus, Peter und Bob sozusagen Teile eines gesplitteten Menschen. Jeder steht für verschiedene Eigenschaften: Justus ist das Gehirn, Peter eher die Emotion, Bob erdet alles.

Haben sich die Hauptfiguren und ihre Geschichten über die Jahrzehnte verändert, vielleicht auch verändern müssen – um diejenigen zu bleiben, die sie sind?

Veränderungen sind nötig, um dem Zeitgeist gerecht zu werden – vor allem bei technischen Neuerungen. Aber alles, was diesen Kosmos zu sehr aus der Balance bringt – Freundinnen etwa – wird vom Publikum nicht akzeptiert und hat die Geschichten auch nicht befruchtet. [...] Und je nostalgischer die Geschichten sind, desto besser funktionieren sie meines Erachtens. Auf keinen Fall wollen wir sprachlich hipp sein, wir verwenden keine extremen Schimpfwörter. Morde passieren eigentlich nie. Es ist dann vielleicht von Toten aus der Vergangenheit die Rede, aber es ist, glaube ich, noch nie richtig Blut geflossen.

Wie ticken Serienfiguren, damit sie für mindestens eine Generation das Potenzial zu Kindheitshelden haben?

Sie müssen authentisch sein. Meine Helden haben eine Haltung und enttäuschen mich darin nicht. Sie verkörpern ein Ideal, aber eines mit Schwächen. Glatte Helden sind uninteressant. Eine Identifikation muss schon möglich sein. Ein Held ist im Grunde jemand, der uns in einer idealen Form zeigt. Und „Die drei ???“ zeigen eine ideale Form der Freundschaft. [...] (466 Wörter)

„Männerliebe“, Stefan Fischer, SZ.de vom 23. 09. 2015

1 Amerikanischer Originaltitel: The Three Investigators

Assignment

- You are a guest student at an American high school and your class is working on a project about fiction series. You have been asked to contribute an example from Germany.

Based on the given texts, write an article for the project website in which you present the series and the reasons for its success in Germany.

Lösungsvorschläge

This assignment requires you to adopt the perspective of a German guest student at an American high school. For a successful mediation you should not translate the complete texts but extract the relevant information and structure it according to your needs. Here the assignment requires you to focus on the content of the series and the reasons for its popularity. The product expected in this assignment is an article within a project, so keep in mind the formal requirements of this text form, such as a suitable headline and clearly structured information.

***The Three ???*: How an American Detective Series for Children has been Capturing Germans of all Generations for more than 50 years**

Having started in 1968, the children's detective series *The Three Investigators*, which in German reads *The Three ???*, became an immediate success, and while the American original petered out in 1994, its German counterpart has been selling record numbers of books and CDs and has been filling venues all across Germany with live performances of the stories. So what makes the adventures of three young amateur detectives in an imaginary place in California so popular?

The formula for success could be narrowed down to the series offering exciting and slightly scary detective stories with a feel-good factor which are written for children but are still popular with the older generations. The three young heroes serve as an authentic embodiment of basic human characteristics, with one of the boys being the intellectual, the second his emotional counterpart and the third down-to-earth and pragmatic. While they present an ideal of teamwork and friendship, they retain individual weaknesses and are therefore perfect for identification. Furthermore, the well-ordered, somewhat nostalgic setting, to which only necessary technological innovations, but no swear words or excessively violent scenes have been added throughout the years, offers a simple and welcome escape from an otherwise complex and chaotic world.

The distinctive cover design and the fact that the stories are available as books, radio plays and live shows enabling different generations to listen to or watch the stories together add to *The Three Investigators'* success. No wonder that in Germany the love of the series has been passed on from one generation to the next. *(256 words)*

Abitur 2019 Schleswig-Holstein – Englisch (Kernfach)
Mediation

Was essen wir morgen?

Ziel der traditionellen Küche war es einst, satt zu machen. Heute gibt es verschiedene Trends, die das Kochen und Zubereiten bestimmen. Hanni Rützler, Ernährungswissenschaftlerin und Gesundheitspsychologin aus Wien, kennt sie alle. Martina Hahn fragte nach Details.

Frau Rützler, ob Weizen, Fleisch oder Salz – immer mehr Konsumenten predigen und leben den Verzicht. Ist Essen die neue Religion?

Vielleicht nicht unbedingt Religion. Aber Essen wird immer mehr zum Mittel, unsere Individualität und unseren jeweiligen Lifestyle auszudrücken. Man ist, was man nicht isst. Durch Weglassen von Fleisch oder bestimmten Inhaltsstoffen signalisiert man: Ich bin sensibel, ich bin reflektiert, ich schau auf Mensch und Natur. Durch das Essen kann man auch Werte und Moral transportieren und zeigen, wer man ist. Früher war es die Mode oder der Haarschnitt, über den man sich ausdrückte oder mit dem man andere provozierte. Heute ist es das Essen. Über Essen kann man trefflich streiten.

Dieses Essen ist richtig und jenes falsch – manche Menschen sind da fast schon fundamentalistisch. Finden Sie das gesund?

Nicht immer – zumal manche Zusatzstoffe und Zutaten, die da verdammt werden, durchaus sinnvoll sind. Und auch nicht jeder, der plötzlich auf glutenfrei schwört, leidet an einer Gluten-Unverträglichkeit. Darüber kann man schmunzeln. Andererseits ist die Macht des Weizens enorm. Gluten befindet sich in sehr vielen Lebensmitteln. Dass viele Kunden heute sagen, es tut mir vielleicht gut, das wegzulassen, hat auch sein Gutes: Wir machen uns auf die Suche nach anderen Lebensmitteln und bringen so mehr Abwechslung in unseren Speiseplan. […]

Ist das der Trend in der Zukunft: weniger Fleisch?

Ja, der Fleischkonsum wird zurückgehen. Es ist ja auch unappetitlich, wie wir Schlachttiere in der industriellen Fleischproduktion behandeln. Da werden standardisierte Tiere standardisiert gehalten, standardisiert gefüttert, standardisiert getötet. Das halten wir dann ja auch nur aus, wenn das Tier für uns Konsumenten unsichtbar wird, wenn das Filet in einer Schale und mit Schutzfolie umhüllt gar nicht mehr an das Ausgangsprodukt erinnert. Essen ist damit auch ein moralisches Thema. Und nicht alle aufstrebenden Staaten werden unserem Fleischdiktat folgen. Viele sind stolz auf ihre reichhaltigen vegetarischen Traditionen. Dennoch ist auch die fleischlose Küche nur ein Trend unter vielen Food-Trends. Essen ist heute sehr komplex – so komplex wie die Gesellschaft. Und Essenstrends spiegeln ja immer den Wandel der Gesellschaft wider. […]

Ist auch Nachhaltigkeit ein Food-Trend?

Auf jeden Fall – gerade unter jungen Konsumenten. Das Thema mag trocken klingen, aber es ist das Thema der Zukunft. Nachhaltigkeit findet in unserer gesättigten Gesellschaft derzeit ganz viel Applaus. Die „Digital Natives", also die jungen Menschen, die mit den neuen Medien aufwachsen, sind weit gereist. Sie haben viel gesehen, auch andere Esserfahrungen gemacht. Und sie sind im Wohlstand aufgewachsen und wissen, dass wir uns mit noch mehr Konsum auch mehr Probleme einhandeln. Noch mehr zu besitzen, hat für sie keinen Wert mehr. Diese jungen Konsumenten sehen, wie wir mit unseren natürlichen Ressourcen umgehen. Sie sehen die Macht globaler Marken und die enorme Machtkonzentration weniger Lebensmittel- und Handelskonzerne. Auch dem leisten sie Widerstand – auch und gerade über ihr Essverhalten. Schauen Sie nur auf die Food-Märkte und Markthallen in Berlin, Rom, Paris, Wien. Sie boomen, und für diese jungen Leute sind es Orte, an denen glaubwürdig gezeigt wird, woher das Essen kommt. […]

Auch Sehnsucht nach dem Lokalen in einer sehr globalisierten Welt?

Ja. Auch deswegen kommen regionale Lebensmittel gut an – ein weiterer Trend. Regional ist derzeit ein starker Vertrauensträger. Auch beim Fleischkonsum. Wer weiterhin Fleisch isst, will das mit Genuss tun. Der will wissen, woher das Fleisch kommt und womit das Tier gefüttert wurde. Dazu braucht der Kunde aber Infos – und das ist noch immer so schwierig! Wer als Anbieter von Essen solche Bedürfnisse stillen kann, der punktet beim Verbraucher. Wir werden in Zukunft in kleineren Kreisläufen Essen produzieren. Das alte Paradigma „schneller – billiger – mehr" hat uns vielleicht Wohlstand gebracht. Es ist aber kein Rezept für die Zukunft. (629 Wörter)

„Was essen wir morgen?", https://www.freiepresse.de/ratgeber/essen-trinken/was-essen-wir-morgen-artikel9312639, 25. 09. 2015

Assignment

You are taking part in an international school project on "Trends in Society in the Western World".

On the basis of the interview with food expert Hanni Rützler, write an article for the project website on eating habits. Refer to the changing attitudes towards food and the trends that go with them.

Lösungsvorschläge

For this mediation task, you have to write an article for a project on new eating trends. Often the assignment for a mediation task gives you certain hints as to which aspects you will have to focus on in your solution. In this case, however, the topic is quite comprehensive, namely "changing attitudes towards food and the trends that go with them". So, it is probably helpful to just summarise each aspect Hanni Rützler talks about in the interview in a few words. Then arrange your ideas in a way fitting for an article: an introduction that arouses the readers' interest, a main part including Hanni Rützler's theses, and a conclusion that rounds off the topic.

What's for lunch?

Traditionally, people ate to appease their hunger. Today, when food bloggers inundate Instagram, Flickr and Pinterest with food porn, the choice of what to eat has become a whole lot more complex. In the so-called western world, for many, food has been transformed from a bare necessity into a way of expressing the eater's individuality demonstrating their values and moral choices.

One important trend is that of giving up certain foods: by abstaining from meat, for example, people can emphasise how much they care about the preservation of natural resources or animal rights – because intensive livestock farming is detrimental to the environment as well as cruel to animals. Others reject certain ingredients like gluten in products made from wheat. Although not all these choices are sensible as regards people's health, looking for alternatives often creates a more balanced diet and is a sign of a more critical attitude about the provenance and production of food. Such a critical attitude is typical among the so-called digital natives who have seen a lot of the world and confidently challenge traditionally powerful food providers as well as the exploitation of nature.

Consequently, these critical consumers attach increasing value to the sustainability of production methods. In that context, they also embrace locally produced food because there they can be sure about its origins. Instead of the old motto "faster – cheaper – more", a new one might be "Think global, eat local". *(256 words)*

Abitur 2020 Schleswig-Holstein – Englisch (Kernfach)
Mediation

Ich glaube nicht, dass es eine vollständigere Sammlung gibt

Am Mittwoch dieser Woche eröffnet das weltweit erste Reclam-*Museum in Leipzig. Zu sehen geben wird es eine Präsenzbibliothek mit mehr als 10 000 Bänden, eine Dauerausstellung zur Geschichte der „Universal-Bibliothek" und Raritäten wie zwei Feldbüchereien*[1] *oder einen* Reclam-*Bücher-Automaten. […]*

Ein Interview mit Hans-Jochen Marquardt.

Je nachdem, wie gerne jemand den Deutschunterricht hatte, lösen *Reclam*-Bücher entweder Abscheu oder Nostalgie aus. Können Sie sich an Ihr erstes *Reclam*-Heft erinnern?

Meine Situation war etwas speziell, weil mein Vater lange Jahre Leiter des DDR-*Reclam*-Verlags war. Nach dem Zweiten Weltkrieg gab es ja einen Verlag in Leipzig und einen in Stuttgart. Ich hatte also schon von klein auf eine Verbindung zu dem Thema. Aber natürlich wurde auch ich – wie wohl jeder im deutschsprachigen Raum – in der Schule damit konfrontiert. Und wenn der Deutschlehrer reinkam mit einem Stapel Hefte und sagte: „Wir lesen heute mal *Emilia Galotti* mit verteilten Rollen", dann gab es sehr unterschiedliche Reaktionen. Entweder fiel die Kinnlade runter oder es ging ein Lächeln über das Gesicht. Bei mir war es eher Letzteres, ich liebte schon immer Literatur.

In den Zwanzigerjahren warb *Reclam* mit dem doch recht frechen Spruch „*Reclam* braucht keine Reklame".

Klar ist das ein bisschen frech. Ein Unternehmen, das damit wirbt, dass es keine Werbung braucht, hat es geschafft. Für diesen Erfolg gab es mehrere Gründe: 1867 wurden die Urheberrechte für viele Autoren frei, die 30 Jahre vorher gestorben waren. Das nutzten etliche Verlage, aber *Reclam* setzte sich dabei durch. Das lag an Neuerungen in der Drucktechnik, aber auch an *Reclams* Idee der „Universalbibliothek". Damit konnte sich plötzlich jeder für wenig Geld eine kleine Bibliothek zusammenstellen. Und zwar musste man nicht, wie damals üblich, eine ganze Buchreihe erwerben, sondern durfte einzelne Bände kaufen. So stillte man den Bildungshunger der Arbeiterklasse.

Könnte man im Internetzeitalter, in dem Wissen umsonst zur Verfügung steht, nicht meinen: *Reclam* ist überflüssig?

Loriot[2] hat mal gesagt, ein Leben ohne Mops ist möglich, aber sinnlos. So ähnlich ist es mit *Reclams* Universal-Bibliothek. Natürlich kann man auch ohne diese Buchreihe Literatur studieren. Aber ich würde es niemandem raten. Gerade für den Einstieg ist die Reihe wahnsinnig wichtig, weil *Reclam* Wert darauf legt, auch Texte, die man zigtausend Mal gedruckt hat, wie etwa Goethes *Faust*, immer wieder kritisch zu überprüfen, zu kommentieren und die Textgestalt zu hinterfragen. *Reclam* hat eine Geschichte, die mehr als 150 Jahre währt. Das ist eine gewaltige Kulturleistung, die da vollbracht worden ist. Das gibt es so nirgendwo in der Welt.

Wenn der Verlag noch so lebendig ist, warum braucht es dann überhaupt ein *Reclam*-Museum?

Reclam wurde ja einst in Leipzig gegründet, aber 2006 hat der Verlag die Stadt endgültig verlassen und ist seitdem nur noch in Ditzingen bei Stuttgart ansässig. Das riesige Verlagsgebäude, das *Reclam* von der Treuhand[3] zugesprochen bekommen hatte, wurde saniert und dann verkauft. Auch sonst ist fast keiner der großen Verlage, die nach dem Zweiten Weltkrieg aus Leipzig weggezogen waren, nach der Wende zurückgekehrt. Für die Buchstadt Leipzig war das natürlich bitter. Bei dem Museum geht es nun einfach darum, dass *Reclam* nicht aus dem kulturellen Gedächtnis der Leipziger verschwindet.

Die meisten Bände im Museum kommen aus Ihrem Privatbesitz.

Nein, alle.

Alle?

Ja, wobei das auch nur ein Teil meiner privaten Sammlung ist. Ich habe etwa mit 14 Jahren mit dem Sammeln angefangen.

Wie kommt ein 14-Jähriger darauf, *Reclam*-Bände zu sammeln?

Da mein Vater den Verlag in der DDR geleitet hat, hat er mir auch ab und zu einen Band geschenkt. Ich hab mich früh schon mit der Geschichte des Verlags beschäftigt und mich hat das Konzept fasziniert: Möglichst vielen Menschen Literatur zu einem kleinen Preis anzubieten. Später bin ich Germanist geworden, da hat sich das Interesse natürlich noch vertieft. Und irgendwann kam dann auch die Idee hinzu, dass ich der Stadt Leipzig gerne einmal die Sammlung schenken würde. […] (627 Wörter)

Luise Checchin: „Ich glaube nicht, dass es eine vollständigere Sammlung gibt“, Süddeutsche Zeitung *vom 22. 10. 2018, https://www.sueddeutsche.de/kultur/interview-am-morgen-reclam-verlag-ich-glaube-nicht-dass-es-eine-vollstaendigere-sammlung-gibt-1.4176912*

1 *Feldbücherei:* transportable Bibliothek für Soldaten im Ersten Weltkrieg
2 *Loriot:* Künstlername, eigentlich V. von Bülow (1923–2011), deutscher Humorist
3 *Treuhand:* Bundesbehörde, die die Umstrukturierung der Wirtschaft der ehemaligen DDR im Rahmen der Wiedervereinigung organisierte

Assignment

As an intern at the Leipzig tourist office, you have been asked to contribute an article about the *Reclam Museum* for the website www.english.leipzig.de.

On the basis of the interview, write the article presenting the museum, its founder and the *Reclam* publishing house.

Lösungsvorschläge

Your task is to collect information on the Reclam *museum, on its founder and on the* Reclam *publishing house from the interview and turn it into an article for a website of the Leipzig tourist office. To do so, you need to find a title that is catchy, start with an introduction that makes the reader want to read your article, put in the relevant facts and end either by saying why the museum is worth a visit or give some more information of the kind that you would expect in an article like this. Stick to your assigned role as an intern at the Leipzig tourist office and write an article aiming at international visitors. In this context, it is very important to explain the cultural background of certain things if you use them in your text, e. g.* Reclam *books, German classics, etc.*
The following information can be collected from the interview and should be part of your solution:

- *information on* **Reclam** ***publishing house:***
  - *in existence for more than 150 years (cf. l. 30)*
  - *concept: making literature accessible for everyone (individual books can be purchased at affordable prices) (cf. ll. 18–21, 49/50)*
  - *classical texts (with annotations, etc.) (cf. ll. 27–29)*
- *information on* **Reclam** ***museum:***
  - *publishing house originally located in Stuttgart and Leipzig, now only in Stuttgart (cf. ll. 5/6, 34/35)*
  - *museum to preserve* Reclam*'s importance for "book city" Leipzig (cf. ll. 37–40)*
  - *more than 10,000 books, exhibition on* Reclam*'s history, curiosities, such as a mobile library for soldiers at war or a vending machine for books (cf. introductory lines)*
- *information on* ***founder Hans-Jochen Marquardt:***
  - *his father was head of* Reclam *publishing house (cf. ll. 4/5, 47)*
  - *collected* Reclam *books since the age of 14 (cf. ll. 44/45)*
  - *gave his private collection to the museum (cf. ll. 41/42, 51/52)*

Literature lovers' heaven: The *Reclam Museum* in Leipzig

catchy title

introduction

Do you like literature? Experience the concept that has made it accessible to everyone in Germany. Visit the *Reclam Museum* in Leipzig.

information on ***Reclam* publishing house**

Reclam is a German publishing house that was founded 150 years ago. Based on cheaper printing methods and a change in copyright, *Reclam* made literary works accessible to the common people at affordable prices. Everyone could put together their own little library according to their taste because contrary to other publishers, *Reclam* books could be bought individually. In connection with the classics, such as Goethe or Schiller, almost all Germans know *Reclam* books.

information on ***Reclam* museum and its founder**

After the Second World War, the publishing house had a West and an East German branch. The East German branch was managed by the father of our museum's founder, Hans-Jochen Marquardt. Young Hans-Jochen started collecting *Reclam* books at the age of 14. He

remained true to his fascination for literature. So, he wanted to keep up the memory of the traditional publishing house in the "book city" when the publisher left Leipzig in 2006.
Marquardt donated 10,000 books from his own private collection to the museum. Apart from these, you can also find out about the history of *Reclam* in a permanent exhibition or admire rare exhibits, such as a mobile library from World War I or a book vending machine.
Isn't that worth a visit? For further information, directions or ticket prices go to: www.reclam-museum-leipzig.de *(231 words)*

ending (fitting to text form)

Abitur 2021 Schleswig-Holstein – Englisch (Kernfach)
Mediation

Mit Stock und Hut auf Wanderschaft gehen

Hut, Stock und ein Bündel – der freundliche junge Mann mit den langen Rasta-Locken ist unschwer als Wandergeselle zu erkennen. An einer Raststätte an der A61 in Rheinland-Pfalz fragt er nach einer Mitfahrgelegenheit.

Bis Worms passen die Pläne zusammen, und das kleine Bündel, auch Charlottenburger genannt, hat locker Platz im Kofferraum. Konstantin Schäfer stammt aus Saarlouis und ist Zimmermann. Gerade kommt der 24-Jährige von einer Feier in der Eifel. Jetzt ist er auf dem Weg zu seinem bislang letzten Arbeitgeber im südhessischen Heppenheim. Der soll ihm in seinem Wanderbuch noch ein Zeugnis ausstellen.

Das Wanderbuch, der knotige Stock, auch Stenz genannt, und das Bündel gehören zur Grundausstattung jedes Wandergesellen dazu. Stolz trägt Schäfer den traditionellen schwarzen Hut, einen Ohrring, ein weißes Hemd, darüber eine Weste mit acht Perlmuttknöpfen, ein Jackett und weite Schlaghosen. Seine Kluft ist schwarz. Das weist ihn als Zimmermann aus, denn jedes Gewerk[1] hat seine eigene Farbe.

Wer Meister werden wollte, musste vom Spätmittelalter bis zur beginnenden Industrialisierung auf Wanderschaft gehen. Arbeits- und Lebenserfahrung sollten die jungen Männer sammeln. In ungefähr 35 Handwerken ist das bis heute möglich: Bäcker, Betonbauer, Bootsbauer, Goldschmiede, Köche, Landwirte, Maurer und Schneider gehören etwa dazu.

„Es ist wunderbar, wenn junge Menschen Erfahrungen sammeln. In der Bäckerei habe ich Wandersleute allerdings noch nie gesehen“, erzählt Peter Görtz, Inhaber einer großen Bäckerei-Kette in Ludwigshafen und Umgebung. „Ich würde sofort 20 nehmen.“

Maternus Burauen von der IG Bau und erster Sekretär der Confödoration Europäischer Gesellenzünfte (CCEG) schätzt, dass derzeit etwa 450 bis 550 Gesellen auf der Walz[2] sind. Eine offizielle Statistik gibt es nicht. Aktuell seien schätzungsweise zehn bis zwanzig Prozent der Wandersleute Frauen. […]

Seit 2014 gehört die Walz in Deutschland zum immateriellen Kulturerbe der UNESCO. Wer sich auf sie begeben will, muss einige Regeln beachten: Er muss in einem Handwerk einen Gesellenbrief erlangt haben, unverheiratet sowie schuldenfrei sein. Die Wanderschaft dauert zwei oder drei Jahre – und einen Tag. In dieser Zeit darf man sich seinem Heimatort bis auf 50 Kilometer nicht nähern. Ursprünglich war dies als Marktkontrolle für die Meister gedacht – ihre Gesellen sollten woanders ihr Glück finden und ihnen keine Konkurrenz machen.

„Ich hatte Fernweh“, sagt Schäfer. Seit fast zwei Jahren ist er schon unterwegs. Durch Holland, Belgien, Frankreich, Österreich, die Schweiz und Israel führte ihn bereits sein Weg. „Viele unterschiedliche Arbeitstechniken habe ich kennengelernt, aber wichtiger als die handwerkliche ist die Erfahrung mit Menschen und die Selbsterkenntnis“, sagt er.

„Beim Österreichischen Hospiz in Jerusalem habe ich am Eingangsportal Schusslöcher zugespachtelt“, berichtet er. Welche Arbeitgeber Schäfer nach seinem Besuch in Heppenheim findet, ist offen. Der Geselle will nach Norwegen. „Die zahlen gut“, hofft er. Der Lohn richtet sich nach den ortsüblichen Tarifen. Üblich ist oft auch Kost und Logis.

In Worms am Dom ist die gemeinsame Fahrt zu Ende, es bleibt noch der Weg bis Heppenheim. Dort hat sich Schäfers zwischenzeitlicher Arbeitgeber und früherer Altgeselle Jerome Schmitt bereits mit 25 Jahren selbstständig gemacht. „Ich habe ihn unter meine Fittiche genommen, habe ihm beigebracht, wie das Leben auf der Landstraße funktioniert, wie man Arbeit findet, als ich vor zwei Jahren selber noch unterwegs war“, berichtet Schmitt. „Wer auf Wanderschaft geht, hat schon ein gewisses handwerkliches Know-how. Man lernt mehr im Bereich des Menschlichen“, erzählt er. „Wichtig ist das vor allem bei problematischen Kunden. Man ist pragmatisch und zielorientiert, wirft nicht so schnell die Flinte ins Korn“, sagt er zum Wert der alten Traditionen. „Man gibt sein Wort, man lässt sich festnageln.“

Festnageln ist dabei im buchstäblichen Sinne gemeint. „Man wird auch heute noch mit dem Ohrläppchen an einen Balken genagelt. Dann bekommt man Ringe an die Ohren. Ursprünglich waren die dazu da, die Beerdigung zu bezahlen, wenn man unterwegs stirbt“, sagt Schmitt. Im Zeitalter von Piercings und Tattoos wirkt das aber gar nicht mehr so archaisch. Und ganz modern erscheint auch die Idee der Walz, an verschiedenen Orten zu leben und zu arbeiten. (639 Wörter)

Andrea Döring, „Mit Stock und Hut auf Wanderschaft gehen“, in: Frankfurter Rundschau, *29. Mai 2018, © dpa Deutsche Presse-Agentur GmbH*
Bild: © picture alliance/Andrea Döring/dpa | Andrea Döring

1 *Gewerk:* Handwerk
2 *Walz:* Wanderschaft eines Handwerksgesellen

Assignment

Your US exchange partner has to give a presentation in class about a German tradition and decides to talk about travelling journeymen, as he/she saw one in your hometown last summer. He/She asks you for some help.

Using the information in the text, write an email in which you present the tradition of travelling journeymen and the situation now.

Lösungsvorschläge

Before you start writing, pay close attention to the assignment. It tells you for whom you have to summarise the information (an American exchange partner) and in what form (a personal email). This will determine the style you should use: write in correct, formal language because your friend needs the information for a presentation at school. However, do not forget to use a more colloquial style when you address your friend and his/her situation. When it comes to content, you should only sum up the pieces of information that are relevant for your friend's presentation: so leave out the concrete personal examples mentioned in the article. Instead, focus on what makes the tradition of travelling journeymen special, where it comes from and why and how it is still practised today.

You should include the following aspects:

- ***appearance** of travelling journeymen:*
  - *equipment: bindle, hiking pole, logbook (cf. ll. 15/16)*
  - *traditional clothing: hat, waistcoat, jacket, flared trousers, shirt (cf. ll. 15–18)*
  - *colour of clothes different depending on craft (cf. ll. 18/19)*
  - *earring (traditional and current custom of being "nailed down"; original use: payment for funeral costs) (cf. ll. 60–63)*
- ***rules** for travelling journeymen:*
  - *completed apprenticeship, unmarried, no debts, travel for two or three years and one day (cf. ll. 34–36)*
  - *staying away at least 50 km from hometown (cf. ll. 36–39)*
- ***history** of the tradition:*
  - *dates back to Middle Ages (cf. l. 20)*
  - *obligatory to become masters until the beginnings of industrialisation (cf. ll. 20/21)*
- ***present situation:***
  - *450–550 journeying craftspeople, ten to 20 per cent women (cf. ll. 30–32)*
  - *custom recognised by UNESCO since 2014 (cf. ll. 33/34)*
  - *many also work abroad (cf. ll. 41/42, 64/65)*
  - *normal pay, often free board and lodging (cf. ll. 48/49)*
- ***reasons** for travelling:*
  - *improve skills and learn new techniques (cf. ll. 21, 42)*
  - *gain new experiences, learn about the world and oneself (cf. ll. 21, 43/44, 56–59)*

Hello Cheryl,	greeting
Thanks for your email. That's an interesting subject for your presentation. I'd be glad to help you with some information I found in a German newspaper.	introduction
As you might remember from last summer, travelling journeymen can easily be recognised by their traditional clothing, consisting of a hat, a waistcoat, a jacket, flared trousers and a shirt. The colour of these depends on the journeymen's craft. They carry a bindle, a pole	**appearance** of travelling journeymen

and a logbook to record their journey. Another interesting feature is the earring they all wear. Originally, the rings were meant to pay for their funeral in case they died on the trip. They are also reminders of the tradition of nailing the journeymen's earlobes to a post. This custom is still being practised as a symbol of the craftsmen's reliability.

There are more strict rules to observe: the journeymen must have finished their apprenticeship and must be unmarried, free of debt and prepared to travel for two to three years and one day. They must also keep a distance of at least 50 km from their hometown to avoid competing with their masters.

rules for travelling journeymen

The tradition of travelling began in the late Middle Ages. Until the beginning of the Industrial Age, travelling in this way was obligatory for anyone who wanted to become a master of their craft.

history of the tradition

Currently, there are about 450 to 550 journeying craftspeople, ten to 20 per cent of whom are women. They are paid at the standard rate for their trade, with board and lodging often being free. In 2014, the UNESCO recognised the custom's cultural value by giving it world heritage status.

present situation

There are several reasons for its ongoing popularity: the journeymen, who often travel abroad these days, can improve their learned trade by acquiring new techniques. Moreover, they meet many people, gain experiences and learn skills, such as perseverance and pragmatism. All of this can prove helpful when dealing with customers, especially with difficult ones.

reasons for travelling

I hope you'll find this information useful. Please tell me how your presentation went.

ending (fitting to text form)

Love,
Lily

(341 words)

Abitur 2021 Schleswig-Holstein – Englisch (Kernfach)
Textaufgabe 1: African Americans: Free at Last? Equal at Last?

Chimamanda Ngozi Adichie, *Americanah*

Introductory note: In the novel Americanah, *the female protagonist Ifemelu leaves military-ruled Nigeria to study at Princeton*[1] *in New Jersey.*

[…] In her honours history seminar[2], Professor Moore, a tiny, tentative woman with the emotionally malnourished look of someone who did not have friends, showed some scenes from *Roots*[3], the images bright on the board of the darkened classroom. When she turned off the projector, a ghostly white patch hovered on the wall for a moment before disappearing. Ifemelu had first watched *Roots* on video with Obinze[4] and his mother, sunk into sofas in their living room in Nsukka[5].

As Kunta Kinte[6] was being flogged into accepting his slave name, Obinze's mother got up abruptly, so abruptly she almost tripped on a leather pouf, and left the room, but not before Ifemelu saw her reddened eyes. It startled her, that Obinze's mother, fully hemmed into her self-containment, her intense privacy, could cry watching a film. Now, as the window blinds were raised and the classroom once again plunged into light, Ifemelu remembered that Saturday afternoon, and how she had felt lacking, watching Obinze's mother, and wishing that she, too, could cry.

"Let's talk about historical representation in film," Professor Moore said.

A firm, female voice[7] from the back of the class, with a non-American accent, asked, "Why was 'nigger' bleeped out?"

And a collective sigh, like a small wind, swept through the class.

"Well, this was a recording from network television and one of the things I wanted us to talk about is how we represent history in popular culture and the use of the N-word is certainly an important part of that," Professor Moore said.

"It makes no sense to me," the firm voice said. Ifemelu turned. The speaker's natural hair was cut as low as a boy's and her pretty face, wide-foreheaded and fleshless, reminded Ifemelu of the East Africans who always won long-distance races on television.

"I mean, 'nigger' is a word that exists. People use it. It is part of America. It has caused a lot of pain to people and I think it is insulting to bleep it out."

"Well," Professor Moore said, looking around, as though for help.

It came from a gravelly voice in the middle of the class. "Well, it's because of the pain that word has caused that you *shouldn't* use it!" *Shouldn't* sailed astringently into the air, the speaker an African American girl wearing bamboo hoop earrings.

"Thing is, each time you say it, the word hurts African Americans," a pale, shaggy-haired boy in front said.

Ifemelu raised her hand; Faulkner's[8] *Light in August*[9], which she had just read, was on her mind. "I don't think it's always hurtful. I think it depends on the intent and also on who is using it."

A girl next to her, face flushing bright red, burst out. "No! The word is the same for whoever says it."

"That is nonsense." The firm voice again. A voice unafraid. "If my mother hits me with a stick and a stranger hits me with a stick, it's not the same thing."

Ifemelu looked at Professor Moore to see how the word "nonsense" had been received. She did not seem to have noticed; instead, a vague terror was freezing her features into a smirk-smile.

"I agree it's different when African Americans say it, but I don't think it should be used in films, because that way people who shouldn't use it can use it and hurt other people's feelings," a light-skinned African American girl said, the last of the four black people in class, her sweater an unsettling shade of fuchsia.

"But it's like being in denial. If it was used like that, then it should be represented like that. Hiding it doesn't make it go away." The firm voice.

"Well, if you all hadn't sold us, we wouldn't be talking about any of this," the gravelly-voiced African American girl said, in a lowered tone that was, nonetheless, audible.

The classroom was wrapped in silence. Then rose that voice again. "Sorry, but even if no Africans had been sold by other Africans, the transatlantic slave trade would still have happened. It was a European enterprise. It was about Europeans looking for labour for their plantations."

Professor Moore interrupted in a small voice. "Okay, now let's talk about the ways in which history can be sacrificed for entertainment." [...] (709 words)

Chimamanda Ngozi Adichie, Americanah, *HarperCollins Publishers, London 2013, pp. 136–138*

1 *Princeton:* elite college in the USA
2 *honours seminar:* advanced level course
3 *Roots:* TV series from 1977 about the life of slaves in America
4 *Obinze:* Ifemelu's friend and first love from Nigeria
5 *Nsukka:* city in Nigeria
6 *Kunta Kinte:* character in *Roots*
7 *a firm, female voice:* the character's name is Wambui
8 *Faulkner:* William Faulkner (1897–1962), American writer
9 *Light in August:* novel set in the American South at the time of the Jim Crow laws

Assignments

1. Sketch the situation in the honours history seminar. *(20 %)*

2. Analyse the means and strategies Adichie employs to create an atmosphere of tension. *(40 %)*

3. As a member of the student council, you have been asked to give the opening speech for your Minneapolis school's celebration of "Black History Month". You intend to promote an open discourse on African American history and the current situation for true reconciliation.

   Using the excerpt from *Americanah* as a starting point, write the script for your speech. Include your background knowledge. *(40 %)*

Lösungsvorschläge

1. *This task is supposed to test your text comprehension. You have to sum up the relevant information to concisely describe the situation in the honours history seminar. Focus on the general plot by answering questions, such as "What happens?", "Who is acting?", "Where is the scene taking place?". So, stay with the facts and do not interpret the situation straight away. Use your own words and do not quote from the text directly. This task counts for "only" 20 % of your overall mark, so your answer need not be too detailed. This is also implied in the verb "sketch" in the assignment. The following points should come up in your solution:*
   - ***general information on the scene:***
     - *setting: advanced level history course at Princeton University (cf. introductory note, l. 1)*
     - *attendees: two African students (Ifemelu and Wambui), two African American students, majority of White students (cf. introductory note, ll. 15, 29, 44/45)*
     - *content of the lesson: watching scenes from seventies series* Roots *on slavery (cf. ll. 2/3)*
   - ***students' discussion on whether the "N-word" should be used on TV:***
     - *American students mainly in favour of not using it (cf. ll. 27/28, 30, 35/36, 42–44)*
     - *African girl's opinion that historical facts should not be denied (cf. ll. 21, 24/25, 46/47)*
   - ***escalation of argument:***
     - *argument turning tense and personal (who is responsible for slavery?) (cf. ll. 48–53)*
     - *Professor Moore's attempt to steer conversation away from controversial topic (cf. ll. 54/55)*

general information on the scene

The excerpt from Chimamanda Ngozi Adichie's novel *Americanah*, published in London in 2013, is set in an advanced level history course at Princeton University. In this class, the attendees, who consist of two African, two African American and a majority of White students, watch scenes from *Roots*, a series on slavery from the seventies.

discussion on whether the "N-word" should be used on TV

After this, a discussion develops. It focuses on the question of whether it is appropriate to use the "N-word", which was bleeped out in *Roots*. While the American students are mainly in favour of cutting out this insulting term, one of the two African students strongly opposes. In her opinion, historical facts should not be glossed over.

escalation of argument

The argument turns increasingly tense. When students start accusing each other's ethnic groups of being responsible for slavery, the discussion is eventually cut off by Professor Moore, who tries to redirect the focus of the lesson to a less controversial topic.

(152 words)

2. *For this task, you have to go through the text again and search for any relevant means and strategies that Adichie employs to create an atmosphere of tension. Typical means and strategies can be a certain narrative perspective, the text's structure, striking linguistic devices, etc. Bear in mind that you are supposed to write a logical text that has a clear structure. So, you should order your findings in meaningful paragraphs. Use quotes or specify which text passages you refer to. Do not forget to write a short* ***introduction*** *on what you are going to do and finish your text with a* ***conclusion*** *in which you sum up the most important findings.*
You could mention the following means and strategies:
   - ***third-person narrative perspective*** *with Ifemelu's limited point of view:*
     - *memories of seeing* Roots *with Obinze and his mother, who reacted emotionally (cf. ll. 5–10)*
     - *light and dark contrasts to heighten atmosphere of tension in the classroom (cf. ll. 3, 4/5)*
   - ***Professor Moore's insecurity:***
     - *description via alliteration ("tiny, tentative", l. 1) and metaphor ("emotionally malnourished look of someone who did not have friends", l. 2)*
     - *rising discomfort (cf. ll. 26, 40/41)*
   - *in contrast:* ***Wambui's "threatening" self-confidence:***
     - *personification of her voice (cf. ll. 15, 21, 37, 47, 50)*
     - *reactions: comparison ("a collective sigh, like a small wind, swept through the class", l. 17), African American girl's passionate reply (cf. ll. 35/36)*
   - ***explosivity of group constellation with three different ethnic backgrounds:***
     - *American students' political correctness (cf. ll. 27–29)*
     - *Wambui's conviction that glossing over the past is wrong (cf. ll. 21, 24/25, 37, 46/47)*
   - ***almost escalation*** *at the end of the excerpt:*
     - *generalising accusation that Africans were responsible for slavery (cf. l. 48)*
     - *resulting silence (cf. l. 50) and Wambui's counter-accusation of Europeans (cf. ll. 50–53)*
     - *Professor Moore's final attempt to prevent an escalation (cf. ll. 54/55)*

introduction

The excerpt from Chimamanda Ngozi Adichie's novel *Americanah* depicts a conflict in a history seminar, which comes to a head in the course of the scene. Adichie employs several means and strategies to create the rising tension appropriate to this context.

third-person narrative perspective

Americanah is narrated in the third person with Ifemelu's limited point of view. This perspective allows the reader to directly share the young woman's experiences.

Ifemelu's memories of seeing *Roots*

Ifemelu's flashback at the beginning of the text, when she thinks back to where and with whom she saw *Roots* before (cf. ll. 5–10), underlines the series' brutality. Not only is the content of flogging (cf. l. 7) obviously cruel, but Ifemelu also remembers the reaction of her former boyfriend Obinze's mother clearly: she "got up abruptly, so abruptly she almost tripped on a leather pouf, and left the room, but not before Ifemelu saw her reddened eyes" (ll. 8/9). The fact that such emotionality is untypical for Obinze's mother (cf. ll. 9/10) makes the scene's impact all the more dramatic.

light and dark contrasts

During the screening in class, the threatening and invasive atmosphere is amplified by the contrast of light and darkness with "the images bright on the board of the darkened classroom" (l. 3). Even after the film scenes are over, they seem to linger with Ifemelu, who sees "a ghostly white patch hover[ing] on the wall for a moment before disappearing" (ll. 4/5).

Professor Moore's insecurity

Not only the content of the seminar adds to the scene's tension, but also the description of its teacher. Professor Moore is depicted in a rather unfavourable way. Both the alliteration "tiny, tentative" (l. 1) and the metaphor that she has "the emotionally malnourished look of someone who did not have friends" (l. 2) hint at her insecurity and inability to deal with the escalating conflict. Later on, this impression is confirmed when Professor Moore is shown as a rather weak character, who is "looking around, as though for help" (l. 26). When the discussion turns more and more tense, "a vague terror [is] freezing her features into a smirk-smile" (ll. 40/41). The reader can almost feel the professor's discomfort as the whole argument seems to have reached a level beyond her control.

Wambui's "threatening" self-confidence

That the discussion takes on such a threatening quality is largely due to Wambui's bold questions that challenge the students more than the professional and rather detached assignment to "talk about historical representation in film" (l. 14). Interestingly enough, Wambui is never called by her name in the excerpt, but it is always only her voice, her "firm voice", her "voice unafraid" (ll. 15, 21, 37, 47, 50) that shakes up the class and fuels the discussion. This personification of a seemingly bodiless voice that appeals to the class's conscience as well as her blunt and honest words catapult the discussion in a direction that makes the professor and other people feel uncomfortable. This can be seen in the "collective sigh" that follows her first question and sweeps through the class "like a small wind" (l. 17). Further reactions to Wambui's and Ifemelu's comments show how tense the use of the "N-word" makes many students in class. For instance, one girl "flush[es] bright red" and speaks in short, clipped sentences, such as "No! The word is the same for whoever says it" (ll. 35/36), thereby making it clear that the dispute might turn nastier because of the students' irreconcilable positions.

explosivity of group constellation with three different ethnic backgrounds

That these different positions can turn out explosive is further underlined by the group constellation with three different ethnic backgrounds. The American students, both White and Black, seem to agree in their opinion that "you *shouldn't* use" the "N-word", with a special focus on the word "shouldn't" that "sailed astringently into the air" (ll. 28/29). Wambui's point of view is the exact opposite. She unwaveringly asserts that "'nigger' is a word that exists. People use it. It's part of America." (l. 24) Later, she adds, "If it was used like that, then it should be represented like that. Hiding it doesn't make it go away." (ll. 46/47) Both her clear simple sentence structure and her blunt, partly harsh replies, such as "It makes no sense to me" (l. 21) or "That is nonsense" (l. 37), make her seem very convinced of her opinion.

almost escalation

The colliding opinions turn almost nasty towards the end of the excerpt when an African American girl uses generalising pronouns and says, "Well, if you all hadn't sold us, we wouldn't be talking about any of this" (l. 48). Thereby, she implies that Africans were responsible for slavery and distances herself from the African students. The fact that "[t]he classroom was wrapped in silence" (l. 50) after this aggressive statement shows the height of tension. When Wambui is still undeterred and counters that the transatlantic slave trade was a European-run business (cf. ll. 50–53), thereby pointing towards the White people, the reader almost expects a real escalation. Only then does Professor Moore finally speak up again, albeit "in a small voice" (l. 54), and try to redirect the discussion to apparently less personally insulting issues (cf. ll. 54/55).

conclusion

All in all, the excerpt is a perfect example of rising tensions. Beginning with Ifemelu's foreboding feelings while watching the scenes of *Roots* and the introduction of Professor Moore as a rather weak character, it is Wambui's questions about a very sensitive topic that turn out explosive in an ethnically diverse classroom. This atmosphere of tension makes it hard for the reader to remain unaffected and untroubled by the questions Wambui poignantly asks. *(927 words)*

3. *Here you are supposed to write a script for a speech. Make sure that you do justice to this text form by addressing your audience and taking into consideration the occasion of the speech and your role. When it comes to content, you should take the excerpt from* Americanah *as a starting point. Then add background knowledge on African American history and the current situation. However, do not simply list facts and figures. Better try to mention aspects that help your overall argumentation.*
The following solution is structured like this:
   - *greeting*
   - ***introduction:***
     - *personal insecurity when it comes to controversial topics*
     - *reference to* Americanah *(sister's honours history seminar)*

- *decision that ducking out of difficult conversations is not an option*

– ***Black history of today and the past:***
  - *aftermath of George Floyd's death as a sign of how destructive discord can be*
  - *Civil Rights Movement as an impulse to talk about the past honestly*

– ***conclusion:***
  - *appeal to profit from "Black History Month"*
  - *courage to join in conversations instead of being afraid to do something wrong*

– *thanks to the audience*

Distinguished guests, dear members of staff, fellow students,

greeting

When I was asked if I wanted to deliver this year's opening speech for the "Black History Month" here at Minnetonka High School, my first thought was "Oh no, not me!" Do you know why? I have so often experienced discussions about African American history as minefields and did not feel I was up to the job of doing justice to this complex, sensitive and often traumatising topic.

introduction: personal insecurity

Only last week, my sister, who attends an honours history seminar at Princeton, told me how watching the series *Roots* in class turned into a heated discussion about using the "N-word". While part of the students present condemned it completely and advocated in favour of the word being bleeped out on television, others called it a denial of history. The argument almost ran out of control when people started to point their fingers at others and shouted accusations against each other.

reference to *Americanah*

Understandably, this made me nervous and afraid of triggering a similar conflict if I used the wrong words or hit a nerve with my opening address. However, on reconsidering, I realised that ducking out of this responsibility would send exactly the wrong message. Both what happened at my sister's seminar and our country's history and present show one thing very clearly: We need to talk about problems in order to solve them. And we need to talk to instead of fighting against each other.

ducking out of difficult conversations not an option

Think of our recent history here in Minnesota, think of George Floyd and what happened to him but also what happened after his death. The events around his brutal death finally triggered worldwide attention and awareness of police brutality and systemic racism. However, there was not only understanding and compassion. Instead of truly listening and reacting to the pleas of the Black Lives Matter movement, some politicians tried to stop the protests and more than one gathering turned violent and destructive in consequence. The proposed police reform act has not yet been passed and instead of working together for a better world, too

Black history today

often the responsible people are not prepared to rise above their own entrenched views. This is what has to change and what we have to do differently.

Black history of the past

So, did that work better in the past? Take the Civil Rights Movement, for instance, which paved the way to our modern society in the fifties and sixties. Today almost all people agree that it was necessary and effective in bringing change. Yet, at the time, it wasn't solely received positively and had to overcome immense challenges. And what is more, not all its promises have truly been fulfilled: Yes, acts like the Civil Rights Act or the Voting Rights Act have been passed, but does that mean that discrimination has simply stopped? Though officially illegal now, it definitely has not.

impulse to talk about the past honestly

That is another thing we have to learn: We need to be allowed to talk about the past honestly. There is not one single and indisputable version of history. It has to be seen from different angles, different voices have to be heard and past achievements and throwbacks have to be re-evaluated and discussed constantly.

conclusion: appeal to profit from "Black History Month"

So, that is why I am proud to stand here before you today. That is where our "Black History Month" comes in. I invite you to grasp the chance to learn about some of the focal points of our history and to understand today's world with all its problems. Use your voices and your brains to finally bring forward true reconciliation.

courage to join in conversations

Like me, don't be afraid to join in, think, speak up. Yet, what is equally important, don't be afraid to listen, pay respect and try to empathise. In such a culture, controversial topics are nothing to be feared, but something that makes us grow towards a better future.

thanks to the audience

Thank you for your attention. *(641 words)*

Abitur 2021 Schleswig-Holstein – Englisch (Kernfach)
Textaufgabe 2: African Americans: Free at Last? Equal at Last?

Michelle Obama,
"Remarks by the First Lady at Tuskegee University[1] Commencement Address"

Introductory note: The excerpt is taken from Michelle Obama's speech at a graduation ceremony of mostly African American graduates, their friends and relatives on 9th May 2015.

[…] So, graduates, that's what I want for all of you. I want you all to stay true to the most real, most sincere, most authentic parts of yourselves. I want you to ask those basic questions: Who do you want to be? What inspires you? How do you want to give back? And then I want you to take a deep breath and trust yourselves to chart your own course and make your mark on the world. […] And no matter what path you choose, I want you to make sure it's you choosing it, and not someone else.

Because here's the thing – the road ahead is not going to be easy. It never is, especially for folks like you and me. Because while we've come so far, the truth is that those age-old problems are stubborn and they haven't fully gone away. […] The world won't always see you in those caps and gowns. They won't know how hard you worked and how much you sacrificed to make it to this day – the countless hours you spent studying to get this diploma, the multiple jobs you worked to pay for school, the times you had to drive home and take care of your grandma, the evenings you gave up to volunteer at a food bank or organize a campus fundraiser. They don't know that part of you.

Instead they will make assumptions about who they think you are based on their limited notion of the world. And my husband and I know how frustrating that experience can be. We've both felt the sting of those daily slights throughout our entire lives – the folks who crossed the street in fear of their safety; the clerks who kept a close eye on us in all those department stores; the people at formal events who assumed we were the "help" – and those who have questioned our intelligence, our honesty, even our love of this country.

And I know that these little indignities are obviously nothing compared to what folks across the country are dealing with every single day […]. It can feel isolating. It can make you feel like your life somehow doesn't matter – that you're like the invisible man that Tuskegee grad Ralph Ellison[2] wrote about all those years ago. And as we've seen over the past few years, those feelings are real. They're rooted in decades of structural challenges that have made too many folks feel frustrated and invisible. And those feelings are playing out in communities like Baltimore and Ferguson[3] and so many others across this country.

But, graduates, today, I want to be very clear that those feelings are not an excuse to just throw up our hands and give up. Not an excuse. They are not an excuse to lose hope. To succumb to feelings of despair and anger only means that in the end, we lose.

But here's the thing – our history provides us with a better story, a better blueprint for how we can win. It teaches us that when we pull ourselves out of those lowest emotional depths, and we channel our frustrations into studying and organizing and banding together – then we can build ourselves and our communities up. We can take on those deep-rooted problems, and together – together – we can overcome anything that stands in our way. […]

And, graduates, that's what we need from all of you. We need you to channel the magic of Tuskegee toward the challenges of today. And here's what I really want you to know – you have got everything you need to do this. You've got it in you. Because even if you're nervous or unsure about what path to take in the years ahead, I want you to realize that you've got everything you need right now to succeed. You've got it.

You've got the knowledge and the skills honed here on this hallowed campus. You've got families up in the stands who will support you every step of the way. And most of all, you've got yourselves – and all of the heart, and grit, and smarts that got you to this day.

And if you rise above the noise and the pressures that surround you, if you stay true to who you are and where you come from, if you have faith in God's plan for you, then you will keep fulfilling your duty to people all across this country. […]

God bless you, graduates. I can't wait to see how high you soar. Love you all. Very proud. Thank you. (751 words)

https://obamawhitehouse.archives.gov/the-press-office/2015/05/09/remarks-first-lady-tuskegee-university-commencement-address

1 *Tuskegee University:* university in Alabama, USA, traditionally attended by African American students

2 *Ralph Ellison:* (1914–1994) African American author; his novel *The Invisible Man* criticises twentieth-century society ignoring African Americans because of their race

3 *Baltimore and Ferguson:* sites of fatal police shootings of African Americans in 2014 and 2015, followed by civil protests

Assignments

1. Sketch the experience of African Americans as presented by Michelle Obama and her expectations of the graduates. *(20 %)*
2. Analyse the means and strategies First Lady Michelle Obama employs to honour the graduates' achievements and to motivate them to fight discrimination. *(40 %)*
3. You are a student journalist at an American high school. Michelle Obama's appeal "We need you to channel the magic of Tuskegee toward the challenges of today." (ll. 40/41) and her speech prompt you to write an article in which you present the biggest challenges of African Americans in US society and call for action.

   Using the speech as a starting point and your background knowledge, write the article. *(40 %)*

Lösungsvorschläge

1. *Here you are supposed to prove that you have understood the text. Take into consideration that the task focuses on two different aspects: the experiences of African Americans as presented by the First Lady on the one hand and what she expects of the graduates on the other. Remember to also write a brief introduction in which you mention the basic information on the speech in question. Both the verb "sketch" in the assignment and the overall percentage of "only" 20 % show you that your text should be rather concise.*
   The following points should come up in your solution:
   - ***introduction***
   - ***African Americans' experiences:***
     - *misjudgements, prejudice and suspicions that African Americans have to face on a daily basis (cf. ll. 9–22)*
     - *age-old problem of structural racism (cf. ll. 9, 26–30)*
   - ***Michelle Obama's expectations of the graduates:***
     - *students should choose their own future (cf. ll. 1–6)*
     - *students should not give up despite the problems they face in a racist society (cf. ll. 31–39)*
     - *graduates from Tuskegee are privileged and can help the American society at large (cf. ll. 40–51)*

introduction

The given text is an excerpt from a speech Michelle Obama, the then First Lady of the USA, delivered in 2015 in front of a group of mainly African American students, who had just graduated from Tuskegee University. In her speech, the First Lady deals with the challenges many African Americans, including herself and her husband, experience on a daily basis. Yet, she also uses her address to motivate the graduates to overcome these obstacles.

African Americans' experiences

According to Michelle Obama, racial discrimination is evident in everyday life. For African Americans, it is quite common to be misjudged or met with prejudice and undue suspicions. The First Lady attributes these to age-old racist habits that influence both people's minds and larger societal structures.

Michelle Obama's expectations of the graduates

Still, she urges the graduates not to give in to feelings of frustration and bitterness but to rather stay strong and take their lives into their own hands. As a unit of intelligent young people, who have the privilege of having enjoyed an excellent education, they should stay confident and fight responsibly against the discrimination they encounter, thus helping the American society at large.

(185 words)

2. *You have to examine how Michelle Obama manages to get her message across. Look at the speech on a language level: What does she say and how does she say it? Find striking examples of stylistic devices and explain their purpose. The assignment already mentions two of the First Lady's intentions, namely to honour the graduates' achievements and to motivate them to fight discrimination. Consequently, you can order your findings according to these intentions.*
You could mention the following means and strategies:
   - ***structure mirroring Michelle Obama's main purposes:***
     - *praising the students' achievements (cf. ll. 1–6, 10–14)*
     - *drawing attention to problems of racism (cf. ll. 7–30)*
     - *appeal to fight racism (cf. ll. 31–53)*
   - ***praise of the students' achievements:***
     - *metaphorical image of being at a milestone in their lives (cf. ll. 4/5, 7)*
     - *enumeration of past efforts in a variety of areas using intensifying language (cf. ll. 11–14)*
   - ***achievements all the more remarkable in a racist society:***
     - *use of pronouns: "you" (students) vs. "they" (society/world at large) (cf. ll. 1–6, 10–16, 40–53)*
     - *stylistic devices such as enumeration (cf. ll. 19–21), personification ("age-old problems [that] are stubborn and […] haven't fully gone away", l. 9), metaphor ("the sting of those daily slights", l. 18) and climax ("our intelligence, our honesty, even our love of this country", ll. 21/22) to show profound impact of racism*
     - *racism then and now: Ralph Ellison connected with Black Lives Matter Movement and Baltimore and Ferguson (cf. ll. 24–30)*
   - ***encouragement not to give up:***
     - *importance of not giving up: repetition ("not an excuse", ll. 31/32) and contrast ("lose", l. 33, vs. "win", l. 35)*
     - *spirit of community: repetition of "together" (l. 38), use of "we" and "our" (cf. ll. 8, 32–40), Obamas as part of the struggle (cf. ll. 8, 17–22)*
     - *attempt to boost the students' self-confidence: "you have got everything", "you've got it" (ll. 42–48)*
     - *spiritual encouragement ("faith in God's plan", l. 50; "God bless you", l. 52, "how high you soar", l. 52)*

introduction

As a graduation speech in front of mostly African American students, Michelle Obama's words have two main purposes: the First Lady wants to praise the young graduates' achievements as well as encourage them to fight the difficulties they will doubtlessly encounter in a discriminatory society.

structure

The overall structure of her speech mirrors these aims: In the beginning, Michelle Obama points out at which important milestone the students stand and what they have achieved (cf. ll. 1–6, 10–14), then she elaborates on present problems for Black people (cf. ll. 7–30), and finally, she appeals to them to fight for a better

America while at the same time assuring them that they are perfectly equipped to do so (cf. ll. 31–53).

praise of the students' achievements: metaphorical image of being at a milestone

According to Michelle Obama, the graduates stand at the beginning of a metaphorical journey out into the world. That is emphasised by expressions, such as "chart your own course" (ll. 4/5) or "what path you choose" (l. 5). That "the road ahead is not going to be easy" (l. 7) makes the graduates' past accomplishments all the more remarkable.

enumeration of past efforts

In lines ten and eleven, she uses the expressions "how hard you worked" and "how much you sacrificed" to recall these achievements. She exemplifies the students' efforts with an enumeration of the varied areas in which they were active. Referring to "the countless hours [they] spent studying to get this diploma, the multiple jobs [they] worked to pay for school, the times [they] had to drive home and take care of [their] grandma, the evenings [they] gave up to volunteer at a food bank or organize a campus fundraiser" (ll. 11–14), Michelle Obama not only praises the graduates' intellectual achievements, but also recognises their dedication and their good nature. Expressions, such as "countless" (l. 11), "multiple" (l. 12), "the times" (l. 12) and "the evenings" (l. 13), intensify her statement.

achievements all the more remarkable in a racist society: "you" vs. "they"

As hinted at before, the graduates have achieved all that, despite living in a racist world. Michelle Obama's use of pronouns illustrates the contrast of what is "most real, most sincere, most authentic" (l. 2) about the students' lives and the image society has of them. Whenever she talks about the graduates, she addresses them as "you" (cf. ll. 1–6, 10–16, 40–53), while the world which is so often against them is called "they" (cf. ll. 10–16).

stylistic devices to show profound impact of racism

In lines 19 to 22, she enumerates everyday experiences of discrimination. Furthermore, she uses personification to describe racist practices as "age-old problems [that] are stubborn and […] haven't fully gone away" (l. 9). The metaphor "the sting of those daily slights" (l. 18) shows the hurt behind being the victims of racism, which is also expressed in the climactic structure in which the offenses African American people have to deal with are ordered: Not only are they not deemed intelligent, but people also tend to cast doubt upon their characters and, what is especially hurtful in a patriotic country like the USA, their love of their country (cf. ll. 21/22).

racism then and now

In lines 24 to 26, a very famous Tuskegee graduate, Ralph Ellison, is mentioned. Michelle Obama cleverly connects his writings with current events. For instance, she talks about feeling "like your life somehow doesn't matter" (l. 25) or mentions "Baltimore and Ferguson" (l. 29). Her listeners will quite easily grasp this indirect allusion to police violence and the Black Lives Matter Movement. By naming a 20th-century writer and modern-day issues in one paragraph, Michelle Obama reiterates that the age-old problem of structural racism is very hard to overcome.

Yet, she does not want the students to give up, but to fight for a better future. This is very obvious in the paragraph in which she uses the words "not an excuse" (ll. 31/32) three times. Instead of giving in, which she associates with losing (cf. l. 33), there is a way to "win" (l. 35) in Michelle Obama's eyes. **encouragement not to give up**

That this way can only be reached through a common effort is stressed by several means: On the one hand, Michelle Obama repeats the word "together" (l. 38) in her appeal of how to "pull […] out of those lowest emotional depths" (ll. 35/36). On the other, the First Lady includes herself and her husband in the group of those who are affected by discrimination. The many instances of "we" and "our" throughout the text (cf. ll. 7, 32–40) show them as participants in the African American struggle. The same goes for the enumeration of discriminatory scenes she and her husband have experienced (cf. ll. 17–22) and for the use of expressions such as "folks like you and me" (l. 8) when talking to the graduates. spirit of community

Being in the same boat with highly successful people like the presidential couple can be a great motivation for the graduates. Michelle Obama further boosts her listeners' confidence when she repeatedly tells them that they "have got everything" (cf. ll. 42–48) it takes to fight against injustices. attempt to boost the students' self-confidence

As is typical for American speeches, her final encouragement is spiritual: the students can trust "in God's plan" (l. 50) for them. The First Lady expects them to "soar high" and wishes them God's blessing (cf. l. 52). spiritual encouragement

In conclusion, Michelle Obama uses her rhetorical skills to do justice to a very important point in the graduates' lives: by both applauding them for past achievements and preparing them for potential future difficulties, she dismisses the students into the world with empathy, confidence and a mission. *(917 words)* **conclusion**

3. *This creative task demands that you take on the role of a student journalist at an American high school and write an article in response to a quote from Michelle Obama's text. Make sure that this role becomes evident in the style of your article. It should not be written in too colloquial a register as you are dealing with a serious topic. Yet, since you address your fellow students, it need not be too formal either. Start with a title that fits to the topic and arouses the readers' interest. Mention that the First Lady's speech inspired you to write this text and work your way from there. Focus on what you believe to be the biggest challenges for African Americans in*

US society. You will need your background knowledge to do that. Do not forget to end your article with some sort of call for action to improve the situation.
The following solution is structured like this:

- *title*
- ***introduction:***
  - *reference to Michelle Obama's speech at Tuskegee University graduation ceremony*
  - *African Americans still disadvantaged despite alleged equality of all Americans*
- ***challenges for African Americans:***
  - *police violence as particularly drastic expression of inequality*
  - *factual disadvantages for Black Americans*
  - *bias ingrained in people's minds*
- ***call for action:***
  - *effort must come from all levels of society (especially from privileged position)*
  - *change on educational, professional, political and personal level*
- *concluding remarks*

Racism everywhere – The First Lady is right on the button

title

Last weekend, I was lucky enough to witness Michelle Obama's speech in front of this year's graduates from Tuskegee University. One sentence stuck in my memory, namely when she called upon the students to "channel the magic of Tuskegee towards the challenges of today". But what did she actually mean with that comment?

introduction: reference to Michelle Obama's speech

In the context of her speech, the First Lady urged the graduates to make use of the experiences and skills this renowned university had given them to fight discrimination and racism in our society. I can almost hear some people objecting: "What racism? Racism has been outlawed by numerous laws and acts, so we are all equal." But are we really? When we think again, even those of you who have not had the same privilege as I of listening to our First Lady's words will certainly be able to recall at least one instance in which they were discriminated against or witnessed African Americans or other minorities being disadvantaged. Yes, the Civil Rights Movement managed to achieve equality on paper, but there are so many areas in which African Americans still suffer from discrimination.

African Americans still disadvantaged

Let me start with a particularly drastic aspect: African Americans are far more likely to be killed by the police than any other ethnic group. They are far more likely to go to prison than any other ethnic group and they represent the largest number of inmates in American prisons. However, these shocking numbers are only the tip of the iceberg. Their roots go much deeper and are a sign of both hidden and open problems.

challenges for African Americans: example of police violence

Starting with housing, one can certainly say that by law, segregated neighbourhoods are a thing of the past. De facto, they are not, which is mainly due to the wealth gap between White and Black Americans: Wealthier families usually live in one part of the city, less wealthy people in another. While the schools in the "good parts" of town are well-equipped to prepare their students for the GPA needed to go to better universities, schools "on the other side" of town lack similar funding and the students there do not get equal opportunities. Due to the resulting educational gap combined with the discriminatory practice of paying Black people less than their White counterparts, many African Americans have to work two or three jobs just to provide for their basic needs. And still, these basic needs do not even cover healthcare in many cases because insurance is unaffordable for quite a few Black Americans. Consequently, it can hardly be surprising that many African Americans feel and in fact often are left behind by society.

factual disadvantages for Black Americans

In addition to these factual disadvantages on almost all levels, we must not forget the bias that is often ingrained in people's minds. So, no matter a person's individual achievements, society often still judges people on the basis of their skin colour and stigmatises some without giving them a real chance. Once more, the police and justice system can serve as drastic reminders: Racial profiling, for instance, does by no means merely target people who are indeed criminals. Instead, it means that potentially completely innocent people are suspected of having committed a crime just because of the colour of their skin.

bias ingrained in people's minds

So, how can our society finally change for the better? No matter how right Michelle Obama is in saying that hard work and determination will be the keys to overcome difficulties and grow stronger, an effort to do this cannot only be expected from those on the downside of society. It is a fact that the sweet life comes easier to some than to others. So, it is exactly people in privileged positions who have to advocate for change.

call for action: effort from all levels of society needed

Change must come on an educational level, which means that schools in poorer neighbourhoods must be funded and supported in their efforts to help young people make it out of poverty. Change must come on a professional level, which means that fair salaries are offered with no regard to skin colour. Change must come on a political level, so that finally, all people can enjoy the opportunities promised by our constitution. And last but not least change must come on a personal level, which means breaking down the barriers in our heads that make us too often see other people through a lens of prejudice and stereotypes.

where change is needed

Only then will we truly live up to our Declaration of Independence, which claims that we were all created equal and deserve a chance to pursue happiness. To speak with President Obama's words: "I am sure we can." *(773 words)*

concluding remarks

Abitur 2021 Schleswig-Holstein – Englisch (Kernfach)
Textaufgabe 3: Science (Fiction) & Technology: Blessing or Curse?

Nancy Kress, *Beggars in Spain*

Introductory note: The excerpt from Nancy Kress's novel Beggars in Spain *takes place in the USA in a future in which genetic engineering of humans has become a reality.*

They sat stiffly on his antique Eames[1] chairs, two people who didn't want to be here, or one person who didn't want to and one who resented the other's reluctance. Dr. Ong had seen this before. […]

"I presume you've performed the necessary credit checks already," Roger Camden said pleasantly, "so let's get right on to details, shall we, doctor?"

"Certainly," Ong said. "Why don't we start by your telling me all the genetic modifications you're interested in for the baby."

The woman shifted suddenly on her chair. She was in her late twenties – clearly a second wife – but already had a faded look, as if keeping up with Roger Camden was wearing her out. Ong could easily believe that. Mrs. Camden's hair was brown, her eyes were brown, her skin had a brown tinge that might have been pretty if her cheeks had had any color. She wore a brown coat, neither fashionable nor cheap, and shoes that looked vaguely orthopedic. Ong glanced at his records for her name: Elizabeth. He would bet people forgot it often.

Next to her, Roger Camden radiated nervous vitality, a man in late middle age whose bullet-shaped head did not match his careful haircut and Italian-silk business suit. Ong did not need to consult his file to recall anything about Camden. A caricature of the bullet-shaped head had been the leading graphic of yesterday's on-line edition of the *Wall Street Journal*: Camden had led a major coup in cross-border data-atoll investment[2]. Ong was not sure what cross-border data-atoll investment was.

"A girl," Elizabeth Camden said. Ong hadn't expected her to speak first. Her voice was another surprise: upper-class British. "Blonde. Green eyes. Tall. Slender."

Ong smiled. "Appearance factors are the easiest to achieve, as I'm sure you already know. But all we can do about 'slenderness' is give her a genetic disposition in that direction. How you feed the child will naturally –"

"Yes, yes," Roger Camden said, "that's obvious. Now: intelligence. High intelligence. And a sense of daring."

"Im sorry, Mr. Camden – personality factors are not yet understood well enough to allow genet –"

"Just testing," Camden said, with a smile that Ong thought was probably supposed to be light-hearted.

Elizabeth Camden said, "Musical ability."

"Again, Mrs. Camden, a disposition to be musical is all we can guarantee."

"Good enough," Camden said. "The full array of corrections for any potential gene-linked health problem, of course."

"Of course," Dr. Ong said. Neither client spoke. So far theirs was a fairly modest list, given Camden's money; most clients had to be argued out of contradictory genetic tendencies, alteration overload, or unrealistic expectations. Ong waited. Tension prickled in the room like heat.

"And," Camden said, "no need to sleep."

Elizabeth Camden jerked her head sideways to look out the window.

Ong picked a paper magnet off his desk. He made his voice pleasant. "May I ask how you learned whether that genetic-modification program exists?"

Camden grinned. "You're not denying it exists. I give you full credit for that, Doctor."

Ong held onto his temper. "May I ask how you learned whether the program exists?" [...]

"Don't bother hunting down the security leak in your data banks, Doctor. You won't find it. But if it's any consolation, neither will anybody else. Now." He leaned suddenly forward. His tone changed. "I know that you've created twenty children so far who don't need to sleep at all. That so far nineteen are healthy, intelligent, and psychologically normal. In fact, better than normal – they're all unusually precocious. The oldest is already four years old and can read in two languages. I know you're thinking of offering this genetic modification on the open market in a few years. All I want is a chance to buy it for my daughter now. At whatever price you name."

Ong stood. "I can't possibly discuss this with you unilaterally, Mr. Camden. Neither the theft of our data –"

"Which wasn't a theft – your system developed a spontaneous bubble regurgitation into a public gate, have a hell of a time proving otherwise –"

"– *nor* the offer to purchase this particular genetic modification lies in my sole area of authority. Both have to be discussed with the Institute's board of directors."

"By all means, by all means. When can I talk to them, too?"

"You?"

Camden, still seated, looked at him. It occurred to Ong that there were few men who could look so confident eighteen inches below eye level. "Certainly. I'd like the chance to present my offer to whoever has the actual authority to accept it. That's only good business." [...] (766 words)

Nancy Kress, Beggars in Spain, *Phoenix Pick, Rockville, 1991, pp. 5–9*

1 *Eames:* Charles Eames (1907–1978), designer of furniture
2 *cross-border data-atoll investment:* international data trading

Assignments

1. Sketch the purpose of the doctor's appointment and the course of the conversation. *(20 %)*

2. Examine the means and strategies Kress employs to show the growing tension in the relationship between Dr. Ong and Mr. Camden in the course of the conversation. *(40 %)*

3. Your school is organizing a project week on genetic engineering. You have read the excerpt and have been asked to write a blog entry for your school's website entitled: "Scientists can now design customised babies – Should they?"

   Using the excerpt as a starting point, write the blog entry. Include your background knowledge. *(40 %)*

Lösungsvorschläge

1. *When asked to sketch one or several aspects from a text, you are required to briefly outline them, conveying only some basic ideas. Use your own words and do not quote from the text to show that you have really understood its meaning. Also refrain from speculating about or commenting on the text at this point.*
The first step is to collect the most important facts from the original text. The assignment tells you which aspects are relevant: the purpose of the appointment and the course of the conversation.
So, in the second step, you should describe in your own words why the couple in the text are at the doctor's and how their conversation with Dr. Ong develops.
You can structure your text like this:
– ***purpose of the appointment:***
   - *protagonists: Roger and Elizabeth Camden (a very assertive, rich banker and his reluctant wife, cf. ll. 8–20), Dr. Ong*
   - *Camdens' wish to order a genetically modified baby from Dr. Ong (cf. ll. 6/7)*

– ***course of the conversation:***
   - *Camdens' "normal" wishes as to gender, physical appearance, intelligence, talents, character traits and health (cf. ll. 21–35)*
   - *Dr. Ong's consent, but also warnings that for some traits there can only be genetic dispositions or they cannot be genetically modified at all (cf. ll. 24/25, 28/29, 33)*
   - *escalation: Mr. Camden's request for the child to be resistant to sleep deprivation, a so far secret modification which is not yet on the market and of which Mr. Camden only knows through illegal means → confidence that the Institute's board of directors will grant his wish when Dr. Ong is not prepared to do so (cf. ll. 40–67)*

In the excerpt from Nancy Kress's novel *Beggars in Spain*, published in 1991, Roger and Elizabeth Camden have an appointment with Dr. Ong in order to discuss their plan to have a genetically modified baby. From the beginning, Roger Camden, who is a well-known banker, domineers the conversation while his wife seems rather reluctant about the whole process. **purpose of the appointment**

The conversation starts relatively innocent when the Camdens order the details of their prospective daughter's physical appearance, intelligence, character traits, health and talents. While Dr. Ong can grant them at least a part of their wishes easily, he insists that for some talents and physical traits, his institute can only provide dispositions and the child's upbringing will be relevant for their development too. Personality traits cannot be genetically engineered at all yet, according to the physician. **course of the conversation:** "innocent" beginning

The conversation takes an unpleasant turn when Mr. Camden asks for a special modification, namely that the child should be resistant to sleep deprivation. The existence of this modification has escalation due to secret modification that Mr. Camden demands

so far been kept a secret and Camden has obtained the knowledge of it illegally. Dr. Ong tries to talk him out of it, but Camden is confident he can persuade the board of directors to grant his child the modification. *(205 words)*

2. *This assignment requires you to examine the text carefully and analyse the stylistic devices the author employs to reflect the atmosphere of the meeting. As the task tells you, the atmosphere can be described as increasingly tense. So, all the aspects you want to mention should contribute to this tension. It does not do to simply provide a list of stylistic devices. For a good analysis, you must also explain how they relate to the task. Points you might want to pay attention to are certain words, expressions or rhetorical devices that seem deliberately chosen, but also syntax or the overall structure of the text.*
So, read the text again, maybe even several times, and mark important bits by either highlighting them in colour, underlining them or adding notes with your own thoughts. When writing down your answer, you can also use these markings to support your arguments with quotes from the text. Usually, you either embed a direct quotation into your sentences or paraphrase the original text. In any case, you must provide the line or lines from the text that bolster up your argument. Direct quotations must be put in inverted commas.
As a general rule, an analysis need not follow the chronology of the original text. In this case, however, it might make sense to stick to it in order to delineate the increasing tension in the conversation.
You could mention the following means and strategies:
   - ***third-person narrative perspective** with Dr. Ong's limited point of view*
   - ***contrasting characterisations of the Camdens:***
     - *Elizabeth Camden depicted as rather weak and boring (cf. l. 14; metaphors in lines 9 and 10; repetition of the colour "brown", cf. ll. 10–12)*
     - *Roger Camden depicted as threatening and aggressive ("radiated nervous vitality", l. 15; "bullet-shaped head", ll. 16, 18; notoriety for his business successes, cf. ll. 17–20)*
   - ***beginning of the conversation:** Dr. Ong's politeness vs. Camden's insolence*
     - *Dr. Ong's polite professionality (cf. ll. 6, 23, 36)*
     - *Mr. Camden's impolite interruptions (cf. ll. 26, 30), yet still masked as lightheartedness (cf. ll. 30/31)*
   - ***climax of tension:** Camden's request for his child to have no need for sleep*
     - *deliberate delay of Camden's final request (oppressive silence and "[t]ension [that] prickled in the room like heat", cf. ll. 36–39)*
     - *Camden's matter-of-fact tone despite bombshell character of his request (cf. l. 40)*
     - *Elizabeth Camden's reaction: "jerked her head sideways to look out the window" (l. 41)*
   - ***Dr. Ong's increasing difficulties with staying calm:***
     - *stalling for time (cf. l. 42)*

- *repeated questions as to Camden's source of information (cf. ll. 42/43, 46/47)*
- *Camden trying to intimidate Ong ("'Don't bother hunting down the security leak in your data banks, Doctor. You won't find it.'", ll. 48/49; "He leaned suddenly forward. His tone changed.", ll. 49/50)*

– ***final shift of power:***
- *Camden's audacity ("By all means, by all means. When can I talk to them, too?", l. 62) vs. Dr. Ong's perplexity ("You?", l. 63)*
- *Dr. Ong stands, Camden remains seated (cf. ll. 56, 64/65)*

introduction

In the excerpt from Nancy Kress's novel *Beggars in Spain*, the tension between the two protagonists, Dr. Ong and Mr. Camden, grows palpably in the course of their conversation. Kress uses several strategies to transmit this impression to her readers.

third-person narrative perspective

One important tool is her choice of a third-person narrative perspective with Dr. Ong's limited point of view. By telling the story from the physician's perspective, Kress directly shares his thoughts and attitudes towards his clients. Accordingly, the reader learns that the doctor's impression of the couple is highly biased when he assumes that they have not made the appointment out of their own accord, or at least that their decision to order a genetically modified child is not unanimous (cf. ll. 1/2). So, from the very beginning, some sort of conflict seems to be part of the meeting.

contrasting characterisations of the Camdens:
Elizabeth Camden depicted as rather weak and boring

This becomes even more pronounced when considering Dr. Ong's observations as to the couple's characters: His thoughts imply that the Camdens' relationship is unequal and that Elizabeth Camden has difficulties keeping up with her husband's lifestyle. Metaphors that describe her as having "a faded look" (l. 9) and that "keeping up with Roger Camden was wearing her out" (ll. 9/10) make her appear as the decidedly weaker partner in the marriage. This is underlined by the fact that Dr. Ong is surprised when Mrs. Camden takes the initiative when it comes to discussing the modifications to her future child (cf. l. 21). He primarily associates her with the colour "brown" (cf. ll. 10–12), which contributes to his initial impression of her as unmemorable and boring (cf. l. 14).

Roger Camden depicted as threatening and aggressive

This is a stark contrast to the way Roger Camden is depicted: Despite being his wife's senior by several years, he is the one to "radiate […] nervous vitality" (l. 15). Yet, while this might not seem too negative, the fact that his head is likened to a bullet (cf. ll. 16, 18) arouses feelings of threat and aggression. Furthermore, in contrast to Elizabeth's inconspicuousness, "Ong did not need to consult his file to recall anything about Camden" (l. 17). His notorious business transactions that seem to be both highly successful and rather incomprehensible for lesser mortals, such as Dr. Ong (cf. ll. 19/20), give him a slightly intimidating aura.

Yet, at the beginning of the appointment, Dr. Ong seems to feel in control of the situation. His calm, service-oriented professionality, which expresses itself in smiles (cf. l. 23) and polite consent with his clients' wishes (cf. ll. 6, 36), cannot even be shattered by Roger Camden's elliptical sentences with which he rudely interrupts the doctor's explanations (cf. ll. 26, 30). Although Mr. Camden becomes more and more insolent, for instance by testing the doctor's reactions when he demands a personality trait for his unborn child, in the full knowledge that this is out of the question, he still masks his aggressiveness with an apparently light-hearted smile (cf. ll. 30/31). Hence, Dr. Ong initially seems to be able to calmly submit to Roger Camden's demands.

beginning of the conversation: Dr. Ong's politeness vs. Camden's insolence

Yet, Roger Camden's overbearing and arrogant manner as well as Dr. Ong's knowledge of his financial power (cf. ll. 16–20, 37) create more and more tension. This is especially apparent in the way Mr. Camden deliberately pauses before uttering his final request. The silence in the room seems oppressive (cf. l. 36), especially because Dr. Ong expects something more to follow (cf. l. 38). The comparison that "[t]ension prickled in the room like heat" (ll. 38/39) sets the scene for Mr. Camden's outrageous demand for the experimental modification. In contrast to its bombshell character, Mr. Camden is overly casual about it and introduces the wish for his child to have no need for sleep like an afterthought (cf. l. 40). Elizabeth Camden's strong reaction, namely that she "jerk[s] her head sideways", thereby creating a physical distance between herself and her husband (cf. l. 41), makes it clear that a boundary has been crossed.

climax of tension: Camden's request for his child to have no need for sleep

While Dr. Ong still controls his emotions, the reader can almost feel that staying calm becomes increasingly difficult for him. He stalls for time by "pick[ing] a paper magnet off his desk" (l. 42) and has to "h[o]ld onto his temper" (l. 46). While still polite, his repeated questions for Mr. Camden's source of information (cf. ll. 42/43, 46/47) show that he is completely dumbfounded and shocked by the latter's level of knowledge. Roger Camden now becomes openly confrontational and tries to intimidate the doctor not only physically by diminishing the distance between them and dropping his polite appearance (cf. ll. 49/50), but also by bragging about the sophistication of his data theft: he condescendingly tells Dr. Ong not to "bother hunting down the security leak in [his] data bank [because he] won't find it'" (ll. 48/49).

Dr. Ong's increasing difficulties with staying calm

Although the doctor tries to regain his authority by standing up (cf. l. 56) and citing his superiors as the ones responsible for the

final shift of power

final decision (cf. ll. 56/57, 60/61), his composure is finally shattered when Roger Camden's audacity in demanding to negotiate with Ong's superiors takes him by surprise: to Camden's question "When can I talk to them, too?", he can only react with one word, which demonstrates his perplexity: "You?" (ll. 62/63). Even though Dr. Ong now towers "eighteen inches" above Mr. Camden (cf. ll. 64/65), the latter demonstrates his self-assurance by deliberately remaining in his seat. It is at this moment that Dr. Ong has to concede that the balance of power has shifted completely.

(923 words)

3. *This creative assignment gives you the opportunity to demonstrate your background knowledge of the subject as well as your writing skills. For a good result, you should first of all make sure that you are absolutely clear about the text you are required to produce and the role you need to adopt. In this case, the perspective is not far from your own: a student writing for a school project, so your readers will be your peers as well as teachers and visitors to the website.*
   Remember the formal aspects of a blog entry:
   - *a catchy title (already given in the assignment), the date of publication, your (fictitious) name*
   - *structure:*
     - ***introduction** (to arouse readers' interest, present basic information)*
     - ***main part** with paragraphs (to present your arguments)*
     - ***conclusion** (opportunity for an outlook on the future or appeal to readers)*
     - *optionally you might want to add suitable links or interactive elements to reinforce the impression of a blog entry*

   With regards to content, the text already gives you some ideas you could mention, but you should also include your own background knowledge and find arguments that go beyond the text.
   The following points are part of the sample answer:
   - ***introduction:***
     - *why it might be desirable to customise babies*
     - *scientific background: methods of selection or of finding and modifying individual genes: PGD, CRISPR-Cas*
   - ***main part:** arguments in favour of and against "designer babies"*
     - ***arguments in favour of customising children:***
       - *prevention and eradication of hereditary diseases*
       - *creation of "saviour siblings" to save the lives of children with fatal diseases*
       - *parents' wish of giving their children advantages in life*
     - ***arguments against customising children:***
       - *risk of unknown long-term consequences*
       - *risk of psychological problems and identity crises for the designer children*
       - *moral considerations and the risk of the technique being abused*

– ***conclusion:*** *benefits do not outweigh the dangers, babies should not be customised*

Scientists can now design customised babies – Should they?
April 2021, Anne Taylor

title

Most parents would do anything for their children. They care for them with all their energy, invest all their resources in their happiness and make sure they get the best education. But some parents go to extreme lengths when it comes to their offspring. You have all heard from these helicopter parents, haven't you? They smooth over any obstacle in their little darling's way, often even cheating to ensure advantages for their child, and leave nothing to chance to make their sons' and daughters' lives as pleasant as possible. Now there is a new possibility for parents to prove their devotion to their children: optimising their offspring's genetic make-up. Yet, do you really do your child a favour when you custom-design it before its birth?

introduction: why it might be desirable to customise babies

Link to: *Beggars in Spain* by Nancy Kress: Click here to order your copy from our online shop

Customising your child according to your own wishes might sound like something from a science-fiction novel, but what used to be a fascinating fantasy is very fast becoming scientific reality. More than forty years after the birth of the first test-tube baby, there are now even methods of selecting embryos with desired qualities like gender or health characteristics through pre-implantation genetic diagnosis. What is more, the recently invented CRISPR-Cas method also allows doctors to identify and modify specific genes in an embryo.

scientific background

At first glance, there are undisputable benefits towards modifying a child's genome. Maybe the most important aspect would be that parents from families with hereditary diseases could reproduce without fear of passing on the condition to their children. What is more, even society in general would profit from the eradication of fatal or debilitating genetic diseases because a lot of misery (and also an enormous amount of costs to insurance contributors) would be prevented.

main part: arguments in favour of customising children: prevention and eradication of hereditary diseases

Another slightly more unusual but also understandable approach might be the creation of "saviour siblings", i. e. children especially chosen or designed for their suitability as stem cell donors for an otherwise incurably ill elder sibling. The concept is nothing new, but for the last few years, embryos with the desired genetic qualities had to be chosen in a lengthy process of pre-implantation diagnosis, whereas in the future a perfect embryo could simply be created from scratch.

creation of "saviour siblings"

parents' wish to give their children advantages in life

The most disputable reason for pre-natal genetic engineering would be the parents' wish of giving their children advantages in life by predetermining their genetic qualities. Starting with an attractive outward appearance, high intelligence and various talents, even unusual abilities, such as enormous strength, resistance to stress or super-human powers, might not be off the cards in the near future.

arguments against customising children

While all this sounds almost too good to be true, on closer examination we might have to realise that maybe it is. So, we shouldn't rush into these new possibilities without considering their potentially harmful consequences too.

risk of unknown long-term consequences

First of all, there is the risk of unknown long-term consequences of the treatment. The excision or modification of certain genes might not only eradicate the genetic disease they seem to encode for, but also have side effects currently unknown. Tampering with nature always carries the risk of running out of control and giving us more than we bargained for.

risk of psychological problems for designer children

Secondly, being a genetically modified person might also lead to psychological problems for the children themselves. When you realise that your parents customised your genetic make-up, it could of course make you feel special, but it could also give you the feeling that your "natural you" would not have been good enough for them. This could especially be the case for children designed as saviour siblings who might get the impression they owe their existence to the need of their sibling. This knowledge could well lead to an identity crisis and doubts about your own self-worth.

Link to: *My sister's keeper*: Interview with Cameron Diaz

moral considerations and risk of the technique being abused

Finally, on a wider scale, the legalisation of customised embryos might also mislead our society's values onto a slippery slope. I mean, who should get to decide what kinds of embryos would be "bred"? I know that this is a term usually used when it comes to livestock breeding. Yet, would we be anything more than commodities if, let's say, governments decided what posts to fill with perfectly suitable "human material"? In another horror scenario, the treatment might only be available to people able to afford it, thereby creating a two-class society of enhanced humans on the one side and naturally conceived ones on the other. This would certainly end in discrimination against the latter when questions along the lines of "Why should taxpayers pay for your treatment when your parents could have prevented your falling ill in the first place?" might eventually lead to social segregation and conflict.

conclusion

All things considered, I would rather stay with the good old natural human beings. While this sounds boring and conservative at first, I think the opposite is true: Imperfections and individualism make our lives unique, unpredictable and interesting. So, my answer is no – even though scientists can now design customised babies, they should definitely not. *(841 words)*

Abitur 2021 Schleswig-Holstein – Englisch (Kernfach)
Textaufgabe 4: Science (Fiction) & Technology: Blessing or Curse?

Warren Cornwall, "Researchers Embrace a Radical Idea: Engineering Coral to Cope with Climate Change"

The National Sea Simulator in Townsville, Australia – The rush starts at sunset, just before the first tiny pearls of egg and sperm rise from chunks of coral resting in tanks here at this sprawling marine science center. Figures scurry past in the fading light, their red headlamps casting a lurid glow. […]

Amid the controlled chaos, coral geneticist Madeleine Van Oppen stands like a coach directing her team. A doctoral student from Van Oppen's lab at the University of Melbourne in Australia approaches with an update. One species of coral appears ready to spawn sooner than expected. "That's not helpful," Van Oppen declares. She strides to a large aquarium, reaches in up to her elbows, and lifts out a basketball-size piece of coral. "Move," she orders, marching past to deposit her load into a small bucket of saltwater, in order to isolate the coral and to avoid accidental cross-breeding.

That imperative – to move, and move fast – is now the mantra for an entire field of coral research and for Van Oppen in particular. The relentless rise of global temperatures is imperiling coral reefs around the world. Just 75 kilometers offshore from the research center, Australia's Great Barrier Reef – the world's largest – has been battered by a string of marine heat waves that have killed half its coral. The threat has transformed Van Oppen into a leading advocate for something considered radical just a few years ago: creating breeds of coral that can withstand underwater heat waves. And it has helped make Australia, which recently committed a hefty $ 300 million to coral research and restoration, a global magnet for reef scientists.

One major attraction is the National Sea Simulator, a $ 25 million facility nestled in eucalyptus-lined hills on the shore of the Coral Sea, which was opened in 2013 by the Australian Institute of Marine Science (AIMS). Here, in dozens of seawater tanks where conditions can be precisely matched to those of the ocean today or in the future, Van Oppen and other scientists are tinkering with creatures that are the very cornerstones of reef ecosystems. Imagine ecologists cultivating whole new breeds of trees to restock a devastated wilderness. In the minds of some researchers, the work could help shape the future of some of the world's richest underwater places. But the endeavor will first have to overcome formidable technical challenges – and concerns that such interventions could bring new problems.

Van Oppen and others are re-engineering corals with techniques as old as the domestication of plants and as new as the latest gene-editing tools. And the researchers are adopting attitudes more common to free-wheeling Silicon Valley startups than the methodical world of conservation science. Just as tech entrepreneurs are urged to "fail fast, fail often," scientists are pushing to quickly test ideas and ditch the least promising ones in the hunt for results that can be moved from the lab to the ocean.

At the sea simulator, entire research projects hinge on what transpires over the next 10 hours. Coral spawn only once per year, releasing the genetic material that is the foundation of this work. On this night, 5 days after a full moon, much of the coral that researchers have collected offshore and moved to the lab appears ready to release thousands of bundles of eggs and sperm. The spawning will set off a frenzy of scooping, mixing, and testing. The eggs will die within hours if not fertilized by sperm, and this chance won't come again for another 12 months. The feeling is electric, caffeinated, like the start of an all-night marathon for computer hackers. It's only fitting, because many of the people here are bent on trying to hack coral. [...]

As Van Oppen works, she can hear the clock ticking for coral reefs. In the past decade, heat waves have turned vast swaths of reef from multihued oases to algae-coated deserts. Reef-building corals – really a mutualistic pairing of an animal that builds a hard skeleton with a single-celled plant that lives within the animal's cells – show few signs of adapting to the rapid change. If global temperatures rise by 2 °C, the Intergovernmental Panel on Climate Change has concluded, reefs as we know them will be virtually gone worldwide. Today, the planet is on course to crack 3 °C by 2100. [...]

(715 words)

Assignments

1. Outline the situation of the world's coral reefs and Australia's attempts to solve the problem. *(20 %)*

2. Examine the means and strategies the author employs to convince the readers that the scientists' research is relevant, innovative and challenging. *(40 %)*

3. Your school's science club is running a blog on genetic engineering. The article motivates you to discuss the consequences of green biotechnology on ecosystems, agriculture and food consumption in a new entry entitled "Benefits and Drawbacks of Genetic Engineering".

   Using the article as a starting point, write the blog entry. Include your background knowledge. *(40 %)*

Lösungsvorschläge

1. *When you read the assignment carefully, it will give you a clear structure to work with in your answer: On the one hand, you should provide an overview of the critical situation of coral reefs, on the other, you should focus on steps that have been taken in Australia to tackle the problem. "Outline" means that you should limit your text to the most important points, convey them in your own words and avoid interpreting or quoting from the text.*
   The following points could come up in your answer:
   - ***situation of the world's coral reefs:***
     - *negative impact of climate change on coral reefs (cf. ll. 13/14)*
     - *half of all corals at Great Barrier Reef already destroyed by marine heat waves (cf. ll. 15/16)*
     - *rise of 2 °C will destroy even more corals, according to IPCC (cf. ll. 50–52)*
     - *currently a rise in temperature of 3 °C expected until 2100 (cf. l. 52)*
   - ***Australia's attempts to solve the problem:***
     - *breeding of genetically modified corals resistant to underwater heat waves (cf. heading, l. 18)*
     - *$ 300 million investment in coral research and restoration by Australian government (cf. ll. 19/20)*
     - *$ 25 million research facility (National Sea Simulator) allows scientists to study effects of current and future underwater conditions (cf. ll. 21–24)*

situation of the world's coral reefs

In his article "Researchers Embrace a Radical Idea: Engineering Coral to Cope with Climate Change", published in *Science* in March 2019, Warren Cornwall describes how the world's coral reefs are at risk of going extinct due to continually rising temperatures. Already half of all corals at the Great Barrier Reef have been destroyed by underwater heat waves. According to the IPCC, a global temperature rise of 2 °C would destroy most corals in the world's oceans. Since the planet is currently expected to even heat up by 3 °C by the year 2100, the destruction of coral reefs has become an ever more pressing problem.

Australia's attempts to solve the problem

Australia, which is home to the world's largest coral reef, has been a trailblazer in trying to save this marine organism. Australian scientists hope to find ways of breeding genetically modified corals which are resistant to marine heat waves. They are supported by a $ 300 million investment from the Australian government as well as by the establishment of the National Sea Simulator, a $ 25 million research facility built by the Australian Institute of Marine Science, where reef experts can simulate the effects of variable underwater conditions on corals. *(195 words)*

2. *This assignment requires you to do two things: first, you have to find the stylistic devices that characterise this text. Second, you have to demonstrate how far the devices contribute to the text presenting the research as relevant, innovative and challenging. You can either deal with all three characteristics simultaneously or structure your text according to means that show the research's necessity, its state-of-the-art character and its difficulties one after the other. The latter approach has been chosen for the sample solution.*
Remember that "means and strategies" does not only refer to stylistic devices, such as alliteration, metaphor etc., but might also include other aspects, such as a certain choice of words, the text's structure, facts and figures the author quotes, etc.
Possible aspects of your analysis might include:
- ***relevance** of the scientists' research:*
  - *choice of words: climate change described in negatively connoted words ("relentless", l. 13; "imperiling", l. 14; "battered", l. 15)*
  - *figurative language to portray the dramatic change and imply a sense of urgency ("she can hear the clock ticking for coral reefs", l. 46; contrast "heat waves have turned vast swaths of reef from multihued oases to algae-coated deserts", ll. 47/48)*
  - *example of the Great Barrier Reef to relate the scientific topic to general knowledge (cf. ll. 14–16)*
  - *use of conditional clause to demonstrate the probability of extinction (cf. ll. 50–52)*
  - *use of numbers to highlight importance and scale of the investment ("a hefty $300 million to coral research and restoration", ll. 19/20; "a $25 million facility", l. 21; "in dozens of seawater tanks", l. 23)*
- ***innovative character** of the scientists' research:*
  - *choice of words: positively connoted words to describe the research group and facilities ("leading advocate", l. 17; "global magnet", l. 20; "major attraction", l. 21)*
  - *comparison to something familiar with an innovative twist ("Imagine ecologists cultivating whole new breeds of trees to restock a devastated wilderness.", ll. 26/27)*
  - *contrast of old and new to underscore the broad range of combined techniques ("Van Oppen and others are re-engineering corals with techniques as old as the domestication of plants and as new as the latest gene-editing tools", ll. 31/32)*
  - *extended metaphor: scientists' mindset similar to that of the unconventional innovators of US computer industry → highlights their revolutionary approach (cf. ll. 32–36, 44)*
- ***challenging nature** of the scientists' research:*
  - *sports simile for Madeleine Van Oppen: "Amid the controlled chaos, coral geneticist Madeleine Van Oppen stands like a coach directing her team." (ll. 5/6)*
  - *choice of words that show a busy, frenzied atmosphere: "rush" (l. 1), "scurry" (l. 3), "the hunt for results" (l. 36), "move" (ll. 10, 12)*

- *vague enumeration to show complexity of tasks ("The spawning will set off a frenzy of scooping, mixing, and testing.", ll. 41/42)*
- *use of numbers and precise time periods to underline precision and lack of time: "entire research projects hinge on what transpires over the next 10 hours" (ll. 37/38), "Coral spawn only once per year" (l. 38), "5 days after a full moon" (l. 39), "The eggs will die within hours if not fertilized by sperm, and this chance won't come again for another 12 months." (ll. 42/43)*

In his article, Warren Cornwall presents an extraordinary new research idea aimed at battling the effects of climate change on coral reefs. He uses a variety of means and strategies to convey the relevant, innovative and challenging nature of this research. **introduction**

In order to make the research seem important and indeed necessary, he expounds on the threat climate change poses. He does so by using negatively connoted words, such as "relentless" (l. 13), "imperiling" (l. 14) or "battered" (l. 15), that show the full force with which rising global temperatures impact the corals. **relevance** of the scientists' research: choice of words

A further strategy is Cornwall's striking use of figurative language. For instance, he writes about Van Oppen that "she can hear the clock ticking for coral reefs" (l. 46), thereby conveying a sense of urgency. The contrast that "heat waves have turned vast swaths of reef from multihued oases to algae-coated deserts" (ll. 47/48) paints a vivid before-and-after picture of a healthy Great Barrier Reef as compared to one damaged by marine heat waves. figurative language

The Great Barrier Reef is used as a stand-in for corals in general: Since the general public is certainly most familiar with Australia's famous reef, it being "the world's largest" (l. 15), this helps the readers to develop a connection to the threatened organisms. well-known example

The impending possibility of the corals' extinction is also reflected in the author's choice of syntax: He uses a conditional clause to map out the reefs' destiny if no action is taken (cf. ll. 50–52). As the temperature increase he cites as being destructive will probably even be exceeded, it is definitely not improbable that corals could die out. So, the sentence, "Today, the planet is on course to crack 3 °C by 2100", has an ominous ring to it. syntax

How much relevance the reef experts' work has in this situation is reflected in Cornwall's use of numbers when he cites the amount of money spent by the Australian government on research and on the National Sea Simulator (cf. ll. 19–21). The investments are intended to impress the readers as much as they seem to have impressed the author, who explicitly calls them "hefty" (l. 19). He further underlines the extent of the undertaking at the National Sea Simulator by writing of "dozens of seawater tanks" (l. 23), as if there are too many of them to give a precise number. use of numbers

Apart from its relevance, the author is also enthusiastic about the innovative character of the scientists' research. This is reflected in his use of positively connoted expressions, e. g. when he describes the head scientist Madeleine Van Oppen as "a leading advocate" (l. 17) of the preservation of coral reefs and the Australian research facilities as "a global magnet for reef scientists" (l. 20) as well as a "major attraction" (l. 21).

innovative character of the scientists' research: choice of words

In his characterisation of Van Oppen's project, Cornwall tries to mirror his readers' level of knowledge, when he compares the team's work with the more familiar image of "a devastated wilderness" being reforested by "cultivating whole new breeds of trees" (cf. ll. 26/27). This last aspect adds an unexpected twist to the comparison and illustrates the ground-breaking work the reef experts have undertaken: Reforestation might appear more or less conventional. However, using "whole new breeds of trees" to do so is truly ingenious.

comparison with innovative twist

The impression of enthusiasm is reinforced when the author describes the scientists' techniques as innovatively combining old and new methods of cultivation (cf. ll. 31/32). He even goes so far as to compare their approach to that of computer scientists, who are often seen as the paragons of innovative, cutting-edge research (cf. l. 33). According to the author, the Silicon Valley method to "fail fast, fail often" (ll. 34/35), i. e. to perform under extreme pressure and gain results by trial and error, is the only way to save the coral reefs, an impression that is heightened when he likens the researchers to "computer hackers" up for "an all-night marathon" (l. 44).

extended metaphor

This last metaphor links the rescue project to another field of imagery, namely sports. Lead scientist Madeleine Van Oppen is compared to "a coach directing her team" (ll. 5/6), which lends her an aura of professionalism in the face of "controlled chaos" (l. 5). This comparison as well as the whole busy, even frenzied atmosphere in the lab, which is underlined by expressions, such as "rush" (l. 1), "scurry" (l. 3), "the hunt for results" (l. 36) or the repeated use of "move" (ll. 10, 12), make it clear that breeding the new type of coral is not an easy enterprise.

challenging nature of the scientists' research: imagery of sport and busy atmosphere

Instead, the project is depicted as immensely complex and challenging, maybe too complex for readers and author alike, who only describes the hectic activity that will follow the long-awaited spawning as "a frenzy of scooping, mixing, and testing" (ll. 41/ 42). On the part of the scientists, however, the project requires absolute precision. Cornwall shows this by giving exact time periods for the project's schedule, e. g. about the corals' mating habits: "Coral spawn only once per year" (l. 38), they release their eggs and sperm "5 days after a full moon" (l. 39) and "[t]he eggs

vagueness vs. precision (numbers)

will die within hours if not fertilized by sperm, and this chance won't come again for another 12 months" (ll. 42/43). The sense of urgency becomes palpable for the readers when they empathise with the scientists who have to take the one chance they are given because "entire research projects hinge on what transpires over the next 10 hours" (ll. 37/38).

conclusion

All in all, Warren Cornwall succeeds in presenting climate change as a huge threat to the world's coral reefs. Consequently, the researchers from Van Oppen's team are highly responsible and professional scientists who are fighting a battle against time to save the coral reefs. *(968 words)*

3. *Once more, it is paramount to closely read the assignment before you start writing. It gives you important hints as to both the text form you need to produce (a blog entry for a school blog) and the content of this entry (benefits and drawbacks of green biotechnology as regards ecosystems, agriculture and food consumption).*
When it comes to language, you need to keep in mind that your intended readership are mainly fellow students, but also teachers and visitors to the blog. So, you can partly use colloquial expressions, but should still treat the scientific subject with the appropriate seriousness.
Discussing an issue, you can make use of different structures: Either you directly juxtapose arguments in favour of and against a point or you name all your arguments for/against a thesis first and then argue against/for it in a separate part of your essay. The latter approach has been taken here.
The following points are part of the sample solution:
   - ***introduction:*** *coral breeding (cf. article) as example of positive use of genetic engineering*
   - ***main part:*** *arguments in favour of and against green biotechnology*
      - ***arguments in favour of green biotechnology:***
         - *positive impact on* **ecosystems**: *rescue of endangered or extinct species by creating tailor-made organisms*
         - *positive impact on* **food consumption**: *healthier products with better nutritional value and longer shelf-life as possible solution for world hunger and food waste*
         - *positive impact on* **agriculture**: *higher crop yield and more profit because of pesticide-resistance, reduced need for pesticides because of pest-resistance*
      - ***arguments against green biotechnology:***
         - *loss of biodiversity*
         - *monocultures are a risk for food security*
         - *unintended dangers of genetically manipulated crops*
         - *risk of cross-breeding ("superweeds")*
   - ***conclusion:*** *biotechnology should only be used with safeguards in place*

Benefits and Drawbacks of Genetic Engineering title
31 March 2021, Danielle McClintock

introduction

The world is getting hotter. But while you might still enjoy that extra ice-cream or turn on the air conditioner, not everybody is so lucky. During recent heat waves, the ocean around Australia became so hot that half of the coral in the Great Barrier Reef died and vanished. What used to be a colourful paradise for fish and other marine life forms can easily turn into a pale desert overgrown by algae. Fortunately, all is not lost. Thanks to the Australian Institute of Marine Science, researchers are now employing the latest, radical technology to save the earth's corals – they are planning to create sturdier specimen of coral that are resistant to rising ocean temperatures. So, is genetic engineering the solution to all our problems?

main part: arguments in favour of green biotechnology: positive impact on **ecosystems**

At first glance, there are tempting benefits to this new technology. It is not only marine life forms that could use some new superpowers to deal with climate change. Wouldn't it be helpful if we could boost the photosynthetic yield of trees, raising their carbon intake, thereby ultimately increasing the number of carbon sinks without having to sacrifice valuable farmland or urban space? Or what about drought-resistant trees that could withstand summers in a city, providing cooling shade for its inhabitants, without needing to be watered daily? Global warming, with its accompanying problems of droughts and extreme temperatures, is becoming a stark reality. Genetically engineered plants could therefore be our planet's future.

positive impact on **food consumption**

What is more, world hunger could also be a thing of the past if we used genetic engineering wisely. Seed companies have been developing crops with a higher nutrient content, which could prevent malnourishment and even famines. The best-known example is Golden Rice, whose metabolism has been modified to produce higher amounts of beta-carotene, thus helping to fight vitamin deficiency in developing countries. As demonstrated by another invention, the XSL (extended shelf life) tomato, food shortages could be prevented by engineering vegetables that perish less quickly. In this way, a reliable, continuous supply of healthy food could be guaranteed and food waste reduced, which would not only benefit people, but also the environment.

positive impact on **agriculture**

Additionally, crops with in-built resistance against pesticides or herbicides could increase yields. The so-called Roundup-Ready crops, for instance, are designed to be resistant to the weed-killer glyphosate. So, if farmers planted their fields with Roundup-Ready crops and sprayed them with glyphosate, it would only kill the weeds, but not the crops. Thus, instead of having to use labour-intensive conventional methods of fighting weeds in order not to hurt the plants as well, farmers could easily and quickly use pesticides. This again might make agriculture more efficient and more profitable. Even more successful could be the engineering of crops resistant to pests and diseases themselves. This would allow farmers to use fewer or no pesticides at all, to the benefit of consumers, farm workers and pollinators alike, who are otherwise at risk of being harmed by the chemicals.

arguments against green biotechnology

So, genetic engineering really seems like the answer to many of our problems. The newly created heat-resistant corals, for instance, would thrive regardless of rising temperatures, providing a home for countless marine organisms. But at what cost?

loss of biodiversity

The changes in heat-resistant corals or drought-resistant trees might be benign at a superficial glance, but they could also give the genetically modified species a kind of unfair advantage over non-modified organisms, helping them to reproduce faster and crowding out natural varieties. In other words, they might threaten biodiversity.

monocultures as a risk for food security

This loss of biodiversity might even be intentional if a genetically modified crop, for instance, were to be so successful that all farmers would rely on the same, tailor-made variety. Such monocultural farming carries immense risks: The slightest susceptibility to an as yet insignificant pathogen could take out a whole harvest, and pose an enormous danger to food security. If traditional varieties had gone extinct, there would not even be a way back. Think of the Irish Potato Famine, only on a global scale.

unintended dangerous side effects

Genetic modifications can always have unwanted side effects that no one has considered beforehand. Let's say they change plants' natural metabolism and produce toxic by-products. Then they could poison animals feeding on them or put consumers of either plants or animals at risk.

risk of cross-breeding

Finally, built-in pesticide resistance only seems a good idea in theory. If you take into account the tendency of crops to interbreed with their wild varieties, another risk becomes obvious: It only needs an unlucky coincidence for the resistance-carrying gene to spread to a so-called non-target species, and a new superweed is born … Anyone who has ever tried to battle extremely prolific weeds can imagine what havoc a weed that cannot even be stopped by toxic chemicals might wreak on modern agriculture.

conclusion

All in all, while genetic engineering definitely has its benefits in fighting world hunger and the effects of climate change, it also bears inherent risks that humankind does not seem ready to contain. So, while I am not entirely opposed to genetic improvements, we must make sure that they really are for the better. What do you think? Do the advantages outweigh the risks? Do we even have a choice or is it simply impossible nowadays to go without genetic engineering? Tell us in the comments! *(869 words)*

Abitur 2022 Schleswig-Holstein – Englisch (Kernfach)
Mediation

Wir müssen uns von den Billigimporten aus Asien abheben

Herr Holler[1], ist das nur so ein Gefühl, oder erlebt Porzellan tatsächlich gerade eine Renaissance?

Nein, anhand der Zahlen können wir leider nicht erkennen, dass es eine Renaissance gibt. In diesem Jahr hatten die deutschen Porzellanhersteller im Vergleich zum Vorjahr einen Umsatzrückgang von 5,1 Prozent. Ähnlich sah es im letzten Jahr aus. Daher ist es schwierig zu behaupten, Porzellan erlebe eine Renaissance. Lediglich im Projektgeschäft, also im professionellen Bereich, ist die Nachfrage zuletzt gestiegen. In Gaststätten, Seniorenwohnanlagen und Krankenhäusern wird neuerdings wieder mehr Wert auf gutes Geschirr gelegt, dort konnten die deutschen Porzellanhersteller in den vergangenen Jahren große Erfolge feiern.

Wie sieht es in Privathaushalten aus? Spätestens zu Weihnachten ist gutes Geschirr doch der Renner.

Das ist richtig. Je näher Weihnachten rückt, umso besser läuft das Geschäft. Viele Kunden haben es dabei vor allem auf die Weihnachtskollektionen abgesehen, die viele Hersteller im Angebot haben. Gemeint ist Porzellan mit Weihnachtsdekor, also mit Tannenbäumen, Glocken und Nikoläusen. Diese Porzellanlinien funktionieren gut, speziell bei Familien mit Kindern.

Woran liegt es, dass Porzellan ansonsten aus der Mode ist?

Das hat mehrere Gründe. Der wohl wichtigste Faktor ist, dass jüngere Generationen weniger Wert auf hochwertiges Porzellan und Essen am gedeckten Tisch legen. Die sonntägliche Kaffeetafel[2], Familienfeiern zu Hause, Gäste zum Abendessen – die Anlässe, das gute Geschirr aus dem Schrank zu holen, sind aus der Mode gekommen. Wer greift heute noch zur Kaffeekanne aus Porzellan? Man stellt seinen Becher direkt unter den Kaffeeautomaten oder läuft mit Thermobecher aus dem Haus. Das ist ein Kulturwandel, den man nur in Teilen auffangen kann – etwa, indem die Geschirrhersteller Coffee-to-go-Becher aus Porzellan herstellen, die man immer wieder verwenden kann. Aber den Trend halten wir nicht auf.

Einst war die Porzellanmarke identitätsstiftend. Gilt Porzellan heute noch als Statussymbol?

Nicht mehr so wie früher. Es ist nicht mehr die Regel, dass jede Familie ein gutes Geschirr besitzt oder auf eine bestimmte Marke schwört. Porzellan gehört auch nicht mehr typischerweise zur Aussteuer[3]. Es gibt zwar noch Hochzeitspaare, die zur Trauung ein bestimmtes Service bekommen, aber die sind aus unserer Sicht viel zu selten geworden – die meisten wünschen sich Geld für die Hochzeitsreise. Schaut man sich an, wofür junge Menschen heute Geld ausgeben, liegen die Prioritäten ganz klar woanders: Es ist kein Problem, sich für 800 Euro ein Handy zu kaufen, bei hochwertigem Porzellan sieht es oft anders aus.

Wie wollen Sie das ändern?

Mit modernem Design, guter Qualität und pfiffigen Ideen. Das Ziel muss es sein, sich von den Billigimporten aus Asien abzuheben. Außerdem müssen wir Online als Vertriebsweg ausbauen. Uns sterben zunehmend die Fachhändler weg – gab es früher in jeder Kleinstadt ein klassisches Haushaltswarengeschäft, machen heute etwa 40 Fachgeschäfte pro Jahr in den Innenstädten dicht. Aber Porzellan will man anfassen, bevor man es kauft. Der Onlinehandel ist damit eine Herausforderung.

Deutschland war einmal Porzellanland. Was ist schiefgelaufen?

Deutschland ist in Europa weiterhin der größte Standort der Porzellanherstellung, und ich bin sicher, das wird auch so bleiben. Die Herausforderungen allerdings werden nicht kleiner. Der Endverbraucher greift oft lieber zur Dumpingware aus China – also zu Porzellan, das weit unter Herstellungskosten auf den Markt geschwemmt wird. Inzwischen gibt es deshalb auf chinesische Importware Strafzölle. Aber damit sind die Probleme nicht vom Tisch: Die politischen Rahmenbedingungen für die deutschen Porzellanhersteller sind schwierig. Sie haben europaweit die höchsten Energiekosten und die höchste Abgabenlast. […]

Wie schaffen es altehrwürdige Häuser wie Meissen, KPM[4] oder Fürstenberg, sich am Markt zu halten?

In den letzten Jahren sind mit Russland oder dem Vorderen Orient wichtige Exportmärkte weggebrochen. Je mehr Krisen und Kriege die Welt erschüttern, umso schwieriger wird es auch für die Produzenten von kunsthandwerklich hergestelltem Porzellan. Nichtsdestoweniger gibt es weiterhin ein großes Interesse an individuellen, hochwertigen Produkten – von Porzellanfiguren über handbemalte Vasen bis hin zu aufwendig gestalteten Tellern. Wer heute noch am Markt ist, hat bewiesen, dass er sich trotz schwierigster Rahmenbedingungen mit seinen Produkten durchsetzen kann – von daher sehe ich nicht schwarz. (642 Wörter)

Sophie Hilgenstock: „Wir müssen uns von den Billigimporten aus Asien abheben", Hannoversche Allgemeine Zeitung, *10. Dezember 2018, RND RedaktionsNetzwerk Deutschland GmbH*

1 *Christoph Holler:* Hauptgeschäftsführer des Bundesverbands Keramische Industrie
2 *Kaffeetafel:* festlich gedeckter Tisch für Kaffee und Kuchen am Nachmittag
3 *Aussteuer:* Ausstattung für den künftigen Haushalt, die eine Braut traditionell von ihrer Familie zur Hochzeit geschenkt bekam
4 *KPM:* Königliche Porzellan-Manufaktur Berlin

Assignment

You are taking part in a German-American youth project in which the participants share information about changing traditions. You have decided to focus on the role of porcelain in Germany.

Write an article for the project website in which you present the current situation of manufacturing and using porcelain in Germany and the developments responsible for it.

Lösungsvorschläge

Before you start writing, pay close attention to the assignment. It tells you for what aim you have to summarise the information (a German-American youth project) and in what form (an article for the project website). This will determine the style you should use: generally write in correct, formal language, but as your addressees are the participants of a youth project, some more colloquial expressions are also allowed. Do not forget the formal elements an article requires, such as a headline, a clear structure into paragraphs, etc. When it comes to content, focus on the current situation of the German porcelain industry on the one hand and on developments responsible for this situation on the other.

You should include the following aspects:

- ***headline** (fitting to text form)*
- ***introductory paragraph:** summary of the current situation of the German porcelain industry:*
  - *difficult situation, decline in sales in recent years (cf. ll. 3–5)*
  - *however, Germany is still Europe's biggest manufacturer (cf. l. 46)*
- ***reasons for difficulties:***
  - *changing eating traditions ("to-go" culture instead of fixed family dinners) (cf. ll. 19–24)*
  - *porcelain no longer a status symbol or a typical wedding present (cf. ll. 28–34)*
  - *young people often have other spending priorities (holidays, smartphones, etc.) (cf. ll. 34–37)*
  - *competition from cheap products from Asia (cf. ll. 40, 48/49)*
  - *many shop closures of homeware stores, online trade is not really taking off (cf. ll. 41–44)*
  - *German manufacturers have to pay high energy costs and other expenses (cf. ll. 51–53)*
  - *difficult political circumstances: crises challenging for luxury goods, such as porcelain, markets in some countries lost for political reasons (cf. ll. 56–58)*
- ***still, partly hopeful outlook on the future:***
  - *professional branches (restaurants, hospitals, retirement homes) still have a demand for high-quality products (cf. ll. 6–10)*
  - *Christmas collections are also sought after (cf. ll. 13–17)*
  - *strategy for the future: focus on quality (cf. ll. 39/40, 59–61) and adapting to new modern ways (cf. ll. 25/26, 40/41)*

The times are a-changing: Is German porcelain on the way out?

headline

Germany has a history of high-quality porcelain production and the country still is the biggest manufacturer in Europe. Yet in recent years, there has been a steady decline in sales.

introductory paragraph

The reasons for this are manifold: Due to changing eating habits, such as takeaway meals often replacing fixed family dinners, using high-quality cups and plates is no longer as important as it used to be. Consequently, porcelain has lost its attractiveness as a status

reasons for difficulties: changing traditions

symbol or a typical wedding present. Generally, young people nowadays often have other spending priorities.

Another challenge lies in the sale venues: Quite a significant number of homeware shops have closed all over Germany and online selling has not really taken off yet. When it comes to the porcelain market, customers usually want to lay their hands on a product before they buy it.

shop closures and difficulties of online trade

Moreover, manufacturers have to compete with cheap products from China. This is especially difficult because of the high costs that make production in Germany expensive.

competition from China

Furthermore, in times of crises, people tend to buy fewer "unnecessary" luxury items. Another consequence of recent political developments is that some of the main German export markets in Russia and the Middle East have become more difficult to access.

difficult political circumstances

Still, the future of German porcelain production does not look entirely grim: Restaurants, hospitals and retirement homes are showing an increasing demand for high-quality crockery. Christmas collections are also exceptionally sought after. So, by keeping their standards high and at the same time adapting to some of the challenges of modern times, the German porcelain industry could well prove that change can be an opportunity rather than a threat. *(272 words)*

hopeful outlook on the future

Abitur 2022 Schleswig-Holstein – Englisch (Kernfach)
Textaufgabe 1: African Americans: Free at Last? Equal at Last?

Farai Caldwell, "Youth Rising"

My daddy taught me when I was real young that you don't mess with no cops. He told me when cops speak to me I should look down at my feet and avoid eye contact. And if they ask me a question I should respond yes, sir, no, sir. And if they want to put me in handcuffs, I shouldn't struggle because it would only make things worse. Funny thing, he never told me what I should do if a cop hits me, or tases[1] me, or shoots me – and he ain't tell me now because he died in the back of a police car in 2005.

It's 2015, I'm seventeen, and I wish I could talk to him because I don't know what to do – niggas is going crazy in Baltimore right now. They going crazy because the cops killed a guy named Freddie Gray[2]. And I didn't really know Freddie but he died in my hood, so it's hitting me kind of hard. I feel like Freddie could have been me or another one of my friends because we black, too. Seems like that's the only excuse the police need to kill us these days.

I remember when I first found out about Freddie. I was sitting on the couch with my mother and sister. My sister was complaining to her about how tight she was braiding her hair. I was doing homework and the show *Black-ish*[3] was playing on the TV. Everything was cool until I heard someone knocking on the door real loud.

My mother yelled, "Who is it?"

I'm the man of the house so I got up to see who was beating on the door. When I opened it I saw my friend, Keith. He was sweating; it looked like he'd been running really fast from something – something that scared him. And Keith's been my boy since we were in the fourth grade. I know he isn't scared of much. I was surprised when I saw him so shook.

"Yo, let me in Trent. Let me in!" he said, frantically.

I opened the door and he came in and fell to the floor. He was tired from running so fast. My mother and sister rushed to where we were to see what the commotion was about. I picked Keith up and asked him what was the problem.

"They killed Freddie. They killed Freddie!" he shouted.

And I was confused because we didn't grow up with no Freddie. I thought it was a friend of his that got shot in the neighbourhood.

My mother told my sister to go to her room. She didn't want her hearing about anyone getting killed. I could've bet 100 dollars that she was going to make my sister go to her room. She's always trying to hide something from us. One time, I overheard her telling my aunt that she's so protective because she wants us to grow up without seeing bad stuff. And she's actually done a good job, too. Me and my sister never went to bad schools; and we're always in after-school activities because she says they're positive distractions. I also can't hang out in the neighbourhood much, like my friends – I guess she don't want nothing happening to me out there either.

"Who is Freddie? Where were you? What's wrong?" my mother asked.

"Freddie Gray, he died in the hospital a few days ago. I was down at the barbershop and some niggas were talking about it. It's been all over the news. They said it's gonna get real crazy 'cause the police haven't told nobody how he died."

"Watch your mouth, boy!" my mother interrupted. She hates the n-word. But it ain't like niggas gonna stop using it though. I don't know why she lets it bother her so much.

"Sorry, Ms. Johnson. I'm just scared. The dudes at the barbershop said it could happen to anyone of us 'cause we black. One guy said it's time for us to fight back or else it's just gonna keep happening. He said niggas gonna keep getting killed by cops and we got to get guns to defend ourselves."

My mother responded just how I thought she would.

"Now Keith, is that what Martin Luther King would have wanted? I don't think violence is the answer. It's just going to cause more violence. There are other ways to respond to injustice."

She's always talking about Martin Luther King, and I don't really agree with her. She's from a different generation. I feel like they're more passive than us. But I didn't say anything when she spoke to Keith. I was a little scared to speak because he said we all could get killed. I just watched him and my mother. She told him everything would be okay and that she would drive him home.

My mother went to get her keys from the kitchen and I took the chance to holla at Keith.

"What you want to do about it? Old people always talking that Martin stuff, huh?"

Keith laughed half-heartedly and gave me a look that let me know he was feeling the same way I was. As he was about to respond, I heard my mother's footsteps, so I told him we'd talk at school the next day. […] (884 words)

Farai Caldwell, "Youth Rising", in: Farai Caldwell (ed.), Black Lives Matter: A Collection of Short Stories, *Farai Art LLC, New Orleans 2015, pp. 1–5*

1 *to tase:* to give a person a small electric shock to make them unable to move for a short time

2 *Freddie Gray:* (1989–2015) African American who died after being arrested and severely beaten by the Baltimore Police Department over possessing a knife

3 *Black-ish:* US American sitcom television series following an upper-middle-class African American family, airing since 2014

Assignments

1. Describe Trent's family situation and his upbringing. *(20 %)*
2. Analyse the means and strategies the author employs to show the inner conflict Trent experiences regarding his upbringing and the different ways of responding to racism. *(40 %)*
3. Fearing his students might turn to violence, Trent's teacher invites a young activist to give a speech at the beginning of their next lesson. The activist decides to take the current heated atmosphere as a starting point to present the challenges of African American teenagers in society and to convince the students that they should resist nonviolently.

   Write the script for the young activist's speech using your background knowledge. *(40 %)*

Lösungsvorschläge

1. *For this task, you have to concentrate on certain aspects of the extract. Look for details you find out about Trent, the first-person narrator of the story, his family and his upbringing. Once you have collected all the relevant information, you have to put it into writing and produce a short, condensed text that is logical and understandable. Make sure that you do not quote from the text. Use your own words and stick to the facts without interpreting what you have read. Use mainly present tense in your answer and start it with a short introduction.*
   The following points should be mentioned in your solution:
   - ***introduction***
   - ***background information on Trent and his family:***
     - *father died due to police brutality when Trent was 7 (cf. ll. 6, 18)*
     - *Trent: age 17 in 2015 (cf. l. 7)*
     - *living in Baltimore in an apparently mainly Black neighbourhood (cf. ll. 8, 9/10)*
     - *African American (cf. l. 11)*
     - *Trent living together with mother and sister (cf. ll. 14, 18)*
   - ***information on Trent's upbringing:***
     - *father tried to keep him out of harm's way (warning about police) (cf. ll. 1–4)*
     - *mother's overprotectiveness and focus on a good education as well as "positive distractions" (cf. ll. 32–37)*
     - *mother does not like bad language (cf. l. 42)*
     - *mother's belief in Martin Luther King and his teachings of non-violence (cf. ll. 48–52)*
   - ***Trent's protest against his upbringing*** *(cf. ll. 52/53)*

introduction

The short story "Youth Rising" by Farai Caldwell, which was published in New Orleans in 2015, is about an African American boy who is confronted with the death of Freddie Gray, another African American teenager from his neighbourhood. The latter has been killed due to police violence and Trent has to find a way of coping with this event.

background information on Trent and his family

The story takes place in 2015, when Trent Johnson is seventeen years old and lives with his sister and mother in an obviously mainly Black neighbourhood in Baltimore. His father died due to police brutality when Trent was only seven.

information on Trent's upbringing: mother's protectiveness

His mother believes in Martin Luther King and his ideas of non-violent resistance and tries to raise her children accordingly. She sends both of them to good schools and the afternoon activities there in order to keep them off the streets and out of harm's way. In other words, she is very protective of Trent and his sister and tries to shelter them from violence as well as bad language.

Trent's father also told him at a young age to always obey the police. However, Trent begins to question the submissive behaviour he was taught in the light of Freddie Gray's death at the hands of the police. *(207 words)*

Trent's protest against his upbringing

2. *Here you have to focus on the language as well as the other structural or narrative means the author uses to show the conflict that Trent is in. Basically, you can identify three major areas of conflict: agreeing with versus questioning the ideals of his upbringing by his parents, family life versus street life and non-violence versus rebellion. However, it is not enough to name these areas of conflict. You should also describe <u>how</u> the reader is made to share Trent's conflicted feelings. To do so, you need to give proof from the text. It is also important to pay attention to the structure of your answer so that it is logical and makes sense. Start with a short introduction in which you explain what you are about to do. You can also include some general observations in your introduction and progress to a more and more detailed analysis from there. You can finally end your text with a short summary briefly stating your results.*
   The sample solution mentions the following points:
   - *introduction with some general observations regarding the extract:*
     - ***first-person narrative perspective:** Trent's point of view*
     - ***language** very natural and **typical of African American spoken English**, e. g.:*
       - *double negations: "you don't mess with no cops" (l. 1)*
       - *use of colloquial contractive forms: "he ain't tell me now" (l. 6)*
       - *plural noun with singular verb: "niggas is going crazy" (l. 8)*
       - *sentence without verb: "because we black, too" (l. 11)*
       - *special terms of endearment: "Keith's been my boy" (l. 20)*
   - ***Trent's conflict between agreeing with his parents' ideals and questioning them:***
     - *flashback to his father's advice: remembered in great detail (cf. ll. 1–4); but sarcastic and frustrated climax: "Funny thing, he never told me what I should do if a cop hits me, or tases me, or shoots me – and he ain't tell me now because he died in the back of a police car in 2005." (ll. 4–6)*
     - *agreement and at the same time exasperation with his mother's overprotectiveness:*
       - *admission that "she's actually done a good job, too" (l. 34)*
       - *probably mirroring his mother's words with the expression "positive distractions" (l. 36)*
       - *can already predict his mother's reaction and "could've bet 100 dollars that she was going to make [his] sister go to her room" (ll. 31/32)*
       - *combination of "always" with present progressive: "She's always trying to hide something from us." (l. 32)*
   - ***contrast between peaceful family idyll and violence on the streets:***

- *Keith's loud knocking on the door (cf. l. 16) and his frantic repetitions (cf. ll. 23, 27) break into the Johnsons' family idyll (cf. ll. 13–16)*
- *only gradual realisation of the impact of the news:*
  - *confusion: Trent: "we didn't grow up with no Freddie" (l. 28); Ms. Johnson: "Who is Freddie? Where were you? What's wrong?" (l. 38)*
  - *realisation: "it could happen to anyone of us 'cause we black" (ll. 44/45), repetition from lines 10/11*
- *Keith's talk of "niggas" (l. 40) as another disruption for Ms. Johnson (cf. l. 42)*

– ***conflict between non-violence and rebellion:***
- *Ms. Johnson's patronising rhetorical question: "Now Keith, is that what Martin Luther King would have wanted?" (l. 49)*
- *emptiness of her words: "There are other ways to respond to injustice." (ll. 50/51), "She told him everything would be okay" (ll. 55/56)*
- *tension at the end of the excerpt with outburst of violence merely postponed: "I was a little scared to speak because he said we all could get killed." (ll. 54/55); "What you want to do about it? Old people always talking that Martin stuff, huh?" (l. 59); "As he was about to respond, I heard my mother's footsteps, so I told him we'd talk at school the next day." (ll. 61/62)*

– *conclusion/summary*

In "Youth Rising", Farai Caldwell employs a first-person limited narrative perspective, presenting the story from young Trent's point of view. This allows him to subtly influence the reader because they can share Trent's conflicted thoughts and emotions directly. Furthermore, this identification with Trent is also made easy by the style used, which is very close to natural spoken language containing mainly short paratactic sentences and many structures and expressions that are typical of African American English (e. g. "you don't mess with no cops", l. 1; "he ain't tell me now", l. 6; "niggas is going crazy", l. 8; "because we black, too", l. 11; "Keith's been my boy", l. 20).

introduction: **first-person narrative perspective** and **language typical of African American spoken English**

One good example of the direct sharing of Trent's perspective is the flashback at the beginning of the text when Trent remembers his father telling him how to behave in an encounter with the police. This piece of advice progresses from not looking at the cops to politely answering them and culminates in not even defending oneself when being handcuffed (cf. ll. 1–4). Apparently, Trent has internalised his father's warnings in great detail, yet he also questions whether that approach is the right answer to police brutality. In his sarcastic climax, "Funny thing, he never told me what I should do if a cop hits me, or tases me, or shoots me – and he ain't tell me now because he died in the back of a police car in 2005" (ll. 4–6), Trent expresses quite a large amount of frustration that his father's advice could not even save his own life.

Trent's conflict between agreeing with his parents' ideals and questioning them: flashback

In a similar way, Trent thinks about his mother's overprotectiveness towards him and his sister. On the one hand, he seems to agree with many of his mother's ideas, admitting that "she's actually done a good job" (l. 34) raising them, for example, and seemingly even copying his mother's words when he calls the after-school programmes "positive distractions" (l. 36).

agreement with his mother's overprotectiveness

On the other hand, however, he also shows exasperation with his mother's beliefs and convictions. For instance, the fact that he already predicts her reaction to Keith's news and "could've bet 100 dollars" (l. 31) on it makes it obvious that he is annoyed and feels smothered by her. This is also shown by the combination of a present progressive form with the adverb "always" in "She's always trying to hide something from us" (l. 32), which expresses weariness and impatience with the situation.

exasperation with his mother's overprotectiveness

The whole scene when Trent first learns about Freddie Gray's murder perfectly illustrates the conflict he is in between his sheltered upbringing and the violent reality out on the streets. Trent describes their idyll in great detail, with all three family members sitting on the couch and his sister complaining about something as trivial as her hair being braided too tightly (cf. ll. 13–15). Inside the family home, everything is at peace, while out in the neighbourhood, violence reigns. This becomes very evident when Trent's friend Keith disrupts the calm with his loud knocking (cf. l. 16) and his frantic repetitions of "let me in Trent. Let me in!" (l. 23) and "They killed Freddie. They killed Freddie!" (l. 27).

contrast between peaceful family idyll and violence on the streets

At first neither Trent nor his mother really grasps the whole situation, with Trent thinking that "[they] didn't grow up with no Freddie" (l. 28) and his mother mirroring his confusion with her quick questions in line 38. Keith's subsequent explanations gradually make Trent see Freddie Gray's killing as something that affects him personally, because "it could happen to anyone of [them] 'cause [they] black" (ll. 44/45), a thought that Trent already expresses at the beginning of the excerpt (cf. ll. 10/11).

from confusion to gradual realisation

Keith also talks colloquially about "niggas" (l. 40) when he explains how he found out about Freddie, and by doing so causes further conflict with Ms. Johnson's hope for a peaceful world. She does not like "the n-word" (l. 42) and immediately interrupts him, but the disruption to their peaceful family life on the sofa cannot be taken back.

"nigga" remark as a further disruption to Ms. Johnson's idyll

Even though Ms. Johnson still tries to remain in control and wants to convince the boys to stay away from violence by patronisingly asking them whether "that [is] what Martin Luther King would have wanted" (l. 49), it becomes clear that Trent senses the emptiness behind her words when she says that "[t]here are other ways to respond to injustice" (ll. 50/51) and that "everything would be

conflict between non-violence and rebellion

okay" (ll. 55/56). Once more, his knowing in advance how his mother will respond (cf. l. 48) and the generalisations he makes when he says that "She's always talking about Martin Luther King" (l. 52) and "I feel like they're more passive than us" (l. 53) show that he loses his patience with his mother's non-violent ways.

While the final outburst is still postponed, first by Trent's fear (cf. ll. 54/55), then by his attempt to make light of the situation by calling his mother's ideas "that Martin stuff" (l. 59) and finally by his mother's footsteps interrupting his and Keith's further discussion of their plans (cf. ll. 61/62), it seems clear that it is only a matter of time before it comes. So, the excerpt ends with an atmosphere of suspense and impending danger.

tension at the end of the excerpt with outburst of violence merely postponed

Summing up, Trent is obviously torn between different emotions. He has to weigh his upbringing and his mother's convictions against his own mounting sense of injustice. The way the reader can share in his struggles makes them feel tense regarding the future developments in this conflict. *(923 words)*

conclusion / summary

3. *For this creative task, be clear about the fictional situation on which you should base your script: you are to take the role of an activist who talks to a group of students. So, when it comes to language, you should use stylistic devices and a rhetorical style that will make the students in Trent's class listen to you. When it comes to content, it makes sense to use Freddie's death, i. e. the text excerpt, as a starting point and continue from there. Include your background knowledge on both the challenges African American teenagers face in society in the US today and on arguments that speak for non-violent resistance. One thing you have to bear in mind, though, is that the text is set in 2015, which means that you cannot mention events like George Floyd's death, which did not happen until later.*
The following solution is structured like this:
- *greeting*
- ***introduction:** background of Freddie Gray's recent death*
- ***challenges African American teenagers face in society:***
  - *unjust treatment by police and courts, police brutality*
  - *vicious cycle of poor education and little influence*
- ***appeal for non-violent action:***
  - *role models from the Civil Rights Movement of the 1950s/1960s (Rosa Parks, Greensboro Four)*
  - *moral victory for those who fight within the limits of the Constitution*
- ***conclusion:** final appeal to never stop fighting (but with the right means)*

greeting

My dear brothers and sisters,

introduction: background of Freddie Gray's recent death

Once again, police brutality has struck. Once again, a young Black man is dead. Once again, there will be promises that all the circumstances will be thoroughly investigated and once again, nothing will happen. That is what many of you are thinking and believe me, that is quite often what I think too.

challenges for African American teenagers: police brutality

I mean the situation in our country, in our district, in our city is well-known: our judicial system is very efficient at arresting young African American men and putting them behind bars for longer than any other ethnic group. Yet that isn't even the worst: African American people are also the victims of police brutality much more often and in too many cases the result of that is people like Freddie, like Trayvon Martin, like Michael Brown and countless others being killed by the police – by those who ought to be protecting them. This has happened not only here in Baltimore but all over the US.

vicious cycle of poor education and little influence

So, you are absolutely right to ask how it is possible for the system to fail like that. Well, look around and you'll see how it is not only the police and justice departments that are sick and biased, but that racism infects many more areas of our society: more African American children and teenagers receive a low-quality education due to underfunded schools than White ones do. That leads to a higher drop-out rate, which, for those in charge, is reason enough not to fund those neighbourhoods more but to save the funds for areas with better prospects instead. And that is just the beginning of a terrible vicious cycle: poor education leads to an underrepresentation at prestigious universities all over the country. That again means that for many African Americans, there are no game-changing job opportunities out there and so they remain stuck and can't have an impact on their hoods, where education stays low and unemployment high, where there's apparently no hope, no future!

appeal for non-violent action

Like I said at the beginning, I know you are angry and desperate, and let me stress that once again: so am I. I don't wanna sound like your moms and dads, your uncles and aunts or like good old Martin Luther King when I tell you that violence is not the path we should choose. I'm telling you because that is my innermost belief!

role models from the Civil Rights Movement of the 1950s/1960s

I do believe that the only way to the promised land is to walk the stony path that Rosa Parks or the Greensboro Four walked. With their social disobedience, they were able to change this country, our country, for the better. They did not create a fairer and more equal society overnight and what they achieved is still not finished, but they fought in accordance with our Constitution, with the principle of our nation's Founding Fathers, and they achieved so much. There is still a long and rocky path before us. It will be a path that is time-consuming and will take patience, but we will succeed too. Slow and steady wins the race.

Yes, I can see that you are eager to do something, to go out and effect sudden and immediate change, but let me tell you from my very own experience: you will change the hierarchies of power the most if you finish school, get a college degree and use that to climb the ladder. You will say, of course, that I myself admitted that it is so much more difficult for people of colour to succeed in this country, that there are too many obstacles to change the system from within, that it is the system itself that must be brought down, but let me stress once more: you should aim to be better than all the prejudices levelled against you. So, be true to yourselves, true to your conscience, true to our Constitution and that way you will ultimately be triumphant and reap the rewards of your just fight.

moral victory for those who resist non-violently

Let me finish with the following words: I do want you to fight, to never give up, to never surrender. Yet always remember that there is more than one way to fight: you do not need to use your fists or guns or knives, but instead, use the weapon of your intellect, the strength of your spirit, the power of your integrity. Then you will triumph in honour and dignity without lowering yourselves to the base level of those you fight against. *(741 words)*

conclusion: final appeal

Joe Biden, "Signing of an Executive Order[1] on Racial Equity"

Good afternoon, folks. I thank the Vice President for being with me today as well. In my campaign for President, I made it very clear that the moment had arrived as a nation where we face deep racial inequities in America and systemic racism that has plagued our nation for far, far too long. [...]

Those 8 minutes and 46 seconds that took George Floyd's[2] life opened the eyes of millions of Americans and millions of people around – all over the world. It was the knee on the neck of justice, and it wouldn't be forgotten. It stirred the conscience of tens of millions of Americans, and, in my view, it marked a turning point in this country's attitude toward racial justice.

When I met his six-year-old daughter, Gianna, who I met with when I met with the family, I leaned down to say hi to her, and she looked at me, and she said, "Daddy changed the world." That's what Gianna said – his daughter. "Daddy changed the world." And I believe she is right, not because this kind of injustice stopped – it clearly hasn't – but because the ground has shifted, because it's changed minds and mindsets, because it laid the groundwork for progress. [...]

One of the reasons I'm so optimistic about this nation is that today's generation of young Americans is the most progressive, thoughtful, inclusive generation that America has ever seen. And they are pulling us toward justice in so many ways, forcing us to confront the huge gap in economic inequity between those at the top and everyone else, forcing us to confront the existential crisis of climate; and, yes, forcing us to confront systemic racism and white supremacy.

It's just been weeks since all of America witnessed a group of thugs, insurrectionists, political extremists, and white supremacists violently attack the Capitol of our democracy. And so now – now is the time to act. It's time to act because that's what the faith and morality call us to do.

Across nearly every faith, the same principles hold: We're all God's children; we should treat each other as we would like to be treated ourselves. And this is the time to act because it's what the core values of this nation call us to do. And I believe the vast majority of Americans – Democrats, Republicans, and independents – share these values and want us to act as well.

We have never fully lived up to the founding principles of this nation, to state the obvious, that all people are created equal and have a right to be treated equally throughout their lives. And it's time to act now, not only because it's the right thing to do, but because if we do, we'll all be better off for it. [...]

Just imagine if instead of consigning millions of American children to under-resourced schools, we gave each and every three- and four-year old child a chance to learn, to go to school – not daycare, school – and grow and thrive in school and throughout.

When they've done that – the places it's been done, show – they have an exponentially greater chance of going all the way through 12 years of school and doing it well.

But, you know, does anyone – does anyone in this whole nation think we're not all better off if that were to happen?

Just imagine if instead of denying millions of Americans the ability to own a home and build generational wealth, we made it possible for them to buy a home, their first home, and begin to build equity to provide for their families and send their children off to school, does anyone doubt that the whole nation will be better off?

Just imagine: Instead of denying millions of young entrepreneurs the ability to access capital, we made it possible to take their dream to market, create jobs, reinvest in their own communities. Does anyone doubt this whole nation wouldn't be better off? [..]

So, we must change, and I know it's going to take time. But I know we can do it. And I firmly believe the nation is ready to change, but government has to change as well. We need to make equity and justice part of what we do every day – today, tomorrow, and every day.

Now I'm going to sign these executive actions to continue the work, to make real the promise of America for every American. Again, I'm not promising we can end it tomorrow, but I promise you: We're going to continue to make progress to eliminate systemic racism, and every branch of the White House and the federal government is going to be part of that effort.

Thank you. (775 words)

www.whitehouse.gov/briefing-room/speeches-remarks/2021/01/26/remarks-by-president-biden-at-signing-of-an-executive-order-on-racial-equity/

1 *executive order:* official instruction by the US President
2 *George Floyd:* (1973 – 2020) African American murdered by a police officer in Minneapolis during an arrest

Assignments

1. Sketch the signs of inequality as well as positive developments in society according to Biden. *(20 %)*
2. Examine the means and strategies Biden employs to create unity and convince his audience that change is both urgently needed and beneficial. *(40 %)*
3. You are a student journalist at an American high school. Biden's remarks motivate you to write a new entry for the school's blog, in which you focus on some of the current injustices African Americans have to face. Suggest ways also young people can tackle them in their everyday lives and call your fellow students to action.

   Write the blog entry using Biden's speech as a starting point. Include your background knowledge. *(40 %)*

Lösungsvorschläge

1. *This is a typical warm-up task because by completing it, you will have summarised the main content of the text. Be aware that the assignment has two parts: firstly, you have to focus on the signs of inequality that Biden mentions, and secondly, on areas where he already sees some progress or hopeful developments. This division of the task into two different parts can also help you to structure your solution: you can start with a brief introduction in which you state all the general information about the text and progress from there to one paragraph about the inequalities and one about the signs of progress Biden mentions. Avoid interpreting the facts at this level and do not quote from the text.*

   The following points could come up in your solution:
   - ***introduction***
   - ***signs of inequality in US society:***
     - *systemic racism (cf. l. 3)*
     - *police brutality (cf. l. 5)*
     - *inequality in education (cf. ll. 35–39)*
     - *inequality in home ownership and wealth (cf. ll. 42–45)*
     - *inequality in access to capital (cf. ll. 46–48)*
   - ***hopeful developments:***
     - *growing awareness to problem of racism following recent events, e. g. George Floyd's murder (cf. ll. 5–15), attack of White supremacists on the Capitol (cf. ll. 22–25)*
     - *young generation as a catalyst for change (cf. ll. 16–21)*
     - *majority in favour of change (cf. ll. 28–30)*
     - *investments in schools have already been made (cf. ll. 38/39)*
     - *executive order as a good step in the right direction (cf. ll. 53–57)*

introduction

The text entitled "Signing of an Executive Order on Racial Equity", published by the White House online on 26th January 2021, is a short speech by Joe Biden. In it he elaborates on the current state of racial inequality in US society before signing an executive order with the aim of improving the situation.

signs of inequality

President Biden spots signs of inequality and racism in different areas of society. He mentions police brutality against African Americans and other markers of institutional racism. For instance, he focuses on the education system as well as on economic aspects, such as home ownership and access to money, where injustices towards people of colour are clearly visible.

hopeful developments

While he says that he cannot immediately remedy all these ills, he has hope for the future for different reasons: he believes in the younger generations of Americans who are very outspoken when it comes to social justice and could work as a catalyst for change. Furthermore, the timing seems right because both George Floyd's murder and the storming of the Capitol have raised awareness for the current problems and have incited the majority to oppose racism. As Biden puts it, progress has already begun, both in schools where investments have been made and in politics, where his executive order is a step in the right direction. *(218 words)*

2. *Working on this task, you will have to go through the text again and search for means and strategies Joe Biden uses to make his speech convincing. Once more, the task's assignment already provides you with a possible structure for your answer because it mentions three different aims that Biden wants to achieve: he wants to create a feeling of unity amongst his audience, he wants to present change as something that is urgently needed, i. e. he will probably present the past and also part of the present in a very negative light, and he wants to show change as beneficial, which is why he will probably point out a more positive future, provided that it can be based on a more equal society. Look at stylistic devices, choice of words, text structure, etc. to substantiate these points. Once you have collected the aspects that you want to mention, you will have to write a logical and coherent text. You can start with a short introduction in which you explain what you are about to do and end with a brief summary stating your results.*
The sample solution mentions the following points:
– ***introduction***
– *strategies used to create **unity** among his audience:*
  • *inclusive language:*
    ◆ *rather colloquial address "folks" (l. 1)*
    ◆ *many uses of the pronouns "we" and "us" (e. g. ll. 3, 18, 20, 25, 26–30, 31–34, 36, 40, 43, 47, 49)*
  • *appeals to American key values and documents:*
    ◆ *"our democracy" (ll. 23/24)*
    ◆ *personification: "what the faith and morality call us to do" (ll. 24/25)*
    ◆ *"We're all God's children" (l. 26)*
    ◆ *allusion to the Declaration of Independence: "We have never fully lived up to the founding principles of this nation, […] that all people are created equal" (ll. 31/32)*
  • *all-encompassing nature of the speech's message: enumeration of different groups for whom it is important, and high numbers to stress relevance:*
    ◆ *three superlatives "today's generation of young Americans is the most progressive, thoughtful, inclusive generation that America has ever seen" (ll. 16–18)*
    ◆ *"Across nearly every faith, the same principles hold" (l. 26)*
    ◆ *"the vast majority of Americans – Democrats, Republicans, and independents – share these values" (ll. 28–30)*
    ◆ *"millions of Americans and millions of people around – all over the world" (l. 6), "tens of millions of Americans" (l. 8)*

- *strategies used to show the **urgency of change:***
  - *metaphorical language: "systemic racism [...] has plagued our nation for far, far too long" (ll. 3/4)*
  - *current, concrete example of George Floyd's murder:*
    - *metaphor: "It was the knee on the neck of justice" (ll. 6/7)*
    - *repetition: "Daddy changed the world." (ll. 11–13)*
    - *parallelism/enumeration: "because the ground has shifted, because it's changed minds and mindsets, because it laid the groundwork for progress" (ll. 14/15)*
  - *repeated time references:*
    - *"the moment had arrived" (l. 2)*
    - *"it marked a turning point" (l. 8)*
    - *"And so now – now is the time to act." (l. 24)*
  - *another current example: storming of the Capitol (cf. ll. 22–24)*
- *strategies used to show the **beneficial effects of change:***
  - *parallel conditional clauses to show the potential for a better future:*
    - *"Just imagine if instead of consigning millions of American children to under-resourced schools, we gave each and every three- and four-year old child a chance to learn, to go to school" (ll. 35–37)*
    - *"Just imagine if instead of denying millions of Americans the ability to own a home and build generational wealth, we made it possible for them to buy a home" (ll. 42/43)*
    - *"Just imagine: Instead of denying millions of young entrepreneurs the ability to access capital, we made it possible to take their dream to market, create jobs, reinvest in their own communities." (ll. 46–48)*
  - *parallel rhetorical questions:*
    - *"does anyone – does anyone in this whole nation think we're not all better off if that were to happen?" (ll. 40/41)*
    - *"does anyone doubt that the whole nation will be better off?" (l. 45)*
    - *"Does anyone doubt this whole nation wouldn't be better off?" (l. 48)*
- ***summary***

US president Joe Biden delivers a short speech before he signs an executive order on racial equity. In this speech he uses several means and strategies to point out why this order is important to him and his audience alike.

introduction

First of all, he tries to include all of his audience in his vision of racial equality and create a feeling of unity among them. He does so by addressing them with the friendly and rather colloquial term "folks" (l. 1) and by using pronouns like "we" and "us" throughout his speech (cf. e. g. ll. 3, 18, 20, 25, 26–30, 31–34, 36, 40, 43, 47, 49).

unity: inclusive language

He also talks explicitly about "our democracy" (ll. 23/24) and thereby mentions an institution that Americans are known to be proud of. A similar strategy is applied when he alludes to core

appeals to American key values and documents

values such as "faith and morality" (l. 25), that call people to action. Using this personification, Biden can be quite sure of appealing to his audience emotionally because they will probably want to be seen as good American citizens who stand up for democracy and defend its values.

Declaration of Independence and God

He continues in this vein when he argues that "[w]e have never fully lived up to the founding principles of this nation, [...] that all people are created equal" (ll. 31/32). With this, he alludes to the Declaration of Independence, another revered document that almost all Americans want to abide by. Furthermore, Biden stresses that "[w]e're all God's children" (l. 26) and thereby evokes the American key value to behave in a way fitting to God's guidance.

enumeration of different groups

By explicitly mentioning different groups in society that want and need change, Biden further underlines the relevance of his topic. For instance, he praises "today's generation of young Americans" (ll. 16/17) with three very positive superlatives, calling them "the most progressive, thoughtful, inclusive generation that America has ever seen" (ll. 17/18). These admirable young people are active on behalf of social justice. Additionally, people "[a]cross nearly every faith" (l. 26) as well as "Democrats, Republicans, and independents" (l. 29) advocate change. In other words, the attitude that American society needs to become fairer extends beyond political parties and beliefs.

high numbers

In his aim to make his message seem as all-encompassing as possible, Joe Biden also cites vast numbers, thereby giving further weight to his arguments: it is not only "tens of millions of Americans" (l. 8) but "millions of Americans and millions of people around – all over the world" (l. 6) who feel that racial injustice is a topic that can no longer be ignored.

urgency of change: metaphorical language

Apart from its relevance for so many different people, the President also points out why the abolishment of inequalities is so close to his and other people's hearts. According to Biden, "systemic racism [...] has plagued [the] nation for far, far too long" (ll. 3/4). This metaphorical expression compares racial injustice to a terrible disease that must evidently be eradicated.

concrete example of George Floyd's murder

A current, concrete example, namely the death of George Floyd at the hands of the police (cf. ll. 5–15), serves as a further illustration of the deficiencies Biden wants to combat. The metaphor that his murder was "the knee on the neck of justice" (ll. 6/7) spells out that the African American man being held to the ground by a policeman should not be seen as a tragic individual case, but rather as a wake-up call for society as a whole. Both in the touching simplicity of the words of Floyd's daughter Gianna (cf. ll. 11–13) and in Biden's parallelism and enumeration when he says, "because the ground has shifted, because it's changed minds and mindsets, because it laid the groundwork for progress" (ll. 14/ 15), it becomes clear that this is indeed what has happened.

repeated time references

Mr Biden then leaves no doubt as to his conviction that the USA needs to capture this moment of awareness: he repeatedly uses time references to emphasise that "the moment ha[s] arrived" (l. 2), that America is at "a turning point" (l. 8) and that "now is the time to act" (l. 24).

current example of storming of the Capitol

The urgency of the issue is further exemplified by another very current event, namely the storming of the Capitol by Trump supporters in January 2021 (cf. ll. 22–24). Biden calls the people who so openly opposed ideas for more equality "a group of thugs, insurrectionists, political extremists, and white supremacists" (ll. 22/23). He thereby presents them as a minority that has thrown a dark shadow on the country's reputation and encourages his audience to show that American democracy is still intact.

beneficial effects of change: parallel conditional clauses

To strengthen his argument for more racial justice further, the President also points out the positive consequences a more equal society would have. He uses conditional clauses and parallelisms to visualise a less discriminatory country (cf. ll. 35–48). Starting each of his ideas with the words "[j]ust imagine" (ll. 35, 42, 46), he invites his audience to share in his dream of a better future and makes it easier for them to follow his line of thought.

parallel rhetorical questions

Another stylistic device that has a similar effect is the rhetorical questions Biden asks to make the positive repercussions of equality clear to everybody (cf. ll. 40/41, 45, 48). The only answer the President expects to his questions of whether anyone doubts the positive impact of more equality is a loud and clear "No!" Consequently, even those that have not already been convinced by his moral arguments should be in agreement with his ideas if only out of a sense of pragmatism.

summary

Shortly before Biden finally signs the executive order, he admits that there is still a long way to go for the nation to reach true equality (cf. ll. 49, 54/55). Yet, throughout his whole speech, he has shown how important the matter of racial equality is to him and his government. That is also illustrated by the presence of Vice President Kamala Harris, who is herself a descendant of ethnic minority groups and to whom Biden explicitly refers (cf. l. 1). All in all, the President could have chosen to just sign the order, but instead his well-staged speech accompanying the act is intended to dispel the last doubts anyone might have about its importance and righteousness. *(1,048 words)*

3. *For this task, you have to take the role of a student journalist at an American high school and write an entry for the school blog. This role should be reflected in your style, which can be adapted to a young readership. When it comes to content, make sure that you include all the aspects required by the task: so you need to refer to the text, i. e. Biden's signing of the executive order, write about some of the injustices African Americans have to face (you can allude to the points mentioned in the text or talk about other aspects you have dealt with in class) and come up with ideas of how young people could try and alleviate these injustices. This last aspect in particular could be quite difficult because the topic of racial inequality is complex. Feel free to address this difficulty, however. The sample solution then gives rather general advice to the fictional reader of the blog before focusing on one concrete example of where action could be taken. If you want, you can also include interactive elements or links you could find in a blog.*
The following solution is structured like this:
- *formal elements typical of a blog*
- *heading*
- ***introduction:** reference to Joe Biden's speech and own attitude towards racial inequality in society*
- ***injustices African Americans are confronted with in society:***
  - *injustices Joe Biden mentions in his speech: police brutality, structural racism in education and the economy*
  - *elaboration on vicious cycle of lack of education and poverty*
  - *focus on prejudice and bias*
- ***ways to tackle the injustices:***
  - *raising awareness (by further blog entries, for example)*
  - *concrete project of school exchange programme*
- ***conclusion:** appeal to continue on the way towards more racial equality*

J. Petterson@paramount_high.com
February 2, 2021/09:37 a.m.

formal elements typical of a blog

The time for change is now!

heading

introduction

Last week President Biden signed an executive order on racial equity, and I, like many others out there, thought, "about time!" In my view, this is a long overdue turning point in our history. That Biden owned up to the problems our nation faces and clearly intends to do something about them makes me believe in our country again after those dark years of the Trump administration, when racial inequality was more or less openly supported. What a refreshing new start President Biden and his government represent when they offer the prospect of a better future, make the dark clouds of the past slowly disappear and let a little sunlight through to shine on the spots with fresh green grass. Those spots are certainly there, but they need some care and attention to grow and spread. It is up to us to make those spots prosper and help transform our divided nation into a modern society that stands together to tackle the major challenges of the future.

injustices African Americans are confronted with in society: injustices Biden mentions

It looks as if the Biden administration has identified the problems that got us stuck in the situation we are in right now. The President mentioned police brutality against African Americans as well as an educational and economic gap between members of different ethnic groups as being signs of systemic racism. Well, right he is, because too many children have no access to proper education, many neighbourhoods are underfunded and capital is not accessible equally to all.

vicious cycle of lack of education and poverty

So, what happens as a result of these imbalances? If schools are underfunded, their students won't be taught as well as they could and should be. If they don't get a proper education or don't finish school at all, their job prospects are miserable. If they don't have access to money, they are unable to own a house, start a business or afford proper health care. As a result, many African Americans are stuck in an economically precarious situation.

focus on prejudice and bias

In addition to that, if the colour of someone's skin alone is reason enough for the police and society to be suspicious of them in general, that only compounds the problem. Stereotypes and bias play just as big a role in our society as measurable structural disadvantages and are similarly hard to eradicate.

ways to tackle the injustices: raising awareness

Now you might say, "Sure, I agree, but what can I do about it? Systemic racism sounds so overwhelmingly complex that one young person alone can hardly hope to change it." Well, yes and no, I would say, because in the end, we and all of our compatriots ARE the system. So if we become aware of the injustices in our nation, address them openly and demand that action be taken, something will shift, not only in our personal conscience but in the collective mind of our nation.

invitation to write more entries for the blog

My blog entry can only be a very small first step. Add to it, contribute your ideas and stories and open our nation's eyes.

Click here to write about your own experience of racial injustice and present ideas on how to overcome it!

concrete project of school exchange programme

For those of you for whom writing and raising of awareness is not enough, you can also participate in a very concrete programme for educational exchange our school has started to connect with the Rosa Parks High School across town in Riverdale. The general idea is to shake hands with students there and to learn from each other by partnering up. The programme consists of five steps. We will first initiate personal contact to see who is interested in a partnership like this and match up in an online meeting. Step two is to meet our partners in the city hall, where the mayor will give his support for the project. Step three will be daily online meetings to do homework together and talk about our experiences. Step four will be an exchange with our partners so that we understand how school works in Riverdale and our partners will learn what our school is like. School buses will be provided by the Board of Education and our partners will join us at our school and we will join them at their school for a three-week period. Step five is going to be a party for those who took part in the project. If this project is successful, it might work as a blueprint for fostering a continuous exchange of perspectives and communication between different sections of the population.

Click here to get to the project's official website and sign up!

conclusion

A project like ours or a blog like this won't change the world immediately, of course, but they could be steps in the right direction. Just as President Biden said before signing his executive order, "We're going to continue to make progress to eliminate systemic racism!" So, let's take one step at a time, speak to people from diverse backgrounds, learn from each other and ultimately grow as a nation. *(823 words)*

Abitur 2022 Schleswig-Holstein – Englisch (Kernfach)
Textaufgabe 3: Science (Fiction) & Technology: Blessing or Curse?

F. Paul Wilson, *Reborn*

Introductory note: Unexpectedly, Jim Stevens becomes heir of the recently deceased genetic scientist Doctor Hanley. Through the doctor's confidential journals, Jim finds out that he is the doctor's clone and keeps it a secret, not even telling his wife Carol.

[…] He squinted in the bright morning sun pouring through the window. The clock read a little after eight. Almost reflexively he reached for the journals.

They weren't there!

He could have sworn he'd left them right here by his side on the couch. He jumped up and lifted the cushions. He looked under the couch, even unfolded the hidden mattress. Gone!

His heart thudding in his throat, Jim hurried down the short hall and across the living room toward the master bedroom. The smell of fresh coffee stopped him.

"Carol?"

"In here, Jim."

What was Carol doing home? She wasn't off today. Then it struck him: She must have taken the journals! She must have read them! *No*!

He rushed into the kitchen.

"Carol, the books! Where are they?"

She put down her coffee cup and slipped her arms around his neck. Her long, sandy hair trailed over the shoulders of her robe. She looked beautiful.

"I love you, Jim."

Normally this would have stirred his desire, but there was room in his mind for only one thing.

"The journals – did you take them?"

She nodded. "And I read them."

Jim felt as if the floor were giving way beneath him.

"Oh, I'm so sorry, Carol. I didn't know, really I didn't. I never would have married you if I'd known."

"Known what? That you were cloned from Hanley?"

Her eyes were so soft, so loving, her voice gentle and soothing. How could she be so calm?

"Yes! I swear I didn't know!"

"What difference does it make, Jim?"

"What difference? How can you say that? I'm a freak! A scientific experiment!"

"No, you're not. You're Jim Stevens. The man I married. The man I love."

"No! I'm a piece of Roderick Hanley!"

"You're Jim Stevens – Hanley's twin."

"I *wish*! […] I'm more like a tumor. That's what I am – a fucking tumor!"

"Stop it!" she cried, showing strong emotion for the first time. "I won't have you talking about yourself like that!"

"Why not? Everybody else will!"

"No, they won't. I'm the only other person who knows, and I don't feel that way."

"But you're different."

"Well, I'm it. Because nobody else will ever know unless you tell them. And even then, they won't believe you."

She said it with a tone of such finality that Jim was afraid to ask the next question.

"The journals! Where are they?"

"Where they belong – in the garbage."

"Oh, *no*!"

He spun and headed for the front door.

"Don't bother," he heard Carol say behind him. "The truck came by at six-thirty."

Suddenly he was angry. More than angry. He was enraged.

"You had no right! No goddamn right! Those journals were mine!"

"I'm not going to argue that with you. They were yours but I threw them out anyway. If they haven't been fed into the incinerator yet, they soon will be."

She was so cool, so composed, so utterly remorseless. Her attitude of fait accompli[1] infuriated him.

"How could you?"

"You gave me no choice, Jim. You were letting those journals eat you alive. So I got rid of them. You were going to let what they said ruin your life. I couldn't stand by and watch that happen. But now it's over and done. They're gone, and so you're going to have to take what you learned from them and pick up the pieces and go on from here. You've got to admit that's going to be easier if you don't have those journals staring you in the face all the time, if you don't keep going back to them time after time, looking for some sort of flaw that will prove them wrong."

She was right. The cool logic of her words was worming its way past his anger, damping it but not dousing it. After all, they had been *his* journals. *His* legacy.

"Okay," he said. "They're gone. Okay … okay …"

He kept repeating the word, walking round the kitchen in small circles. His thoughts were all jumbled up with his emotions. He couldn't separate them. If this had been someone else's problem, he was sure he would be calm and cool and completely rational.

But this is me!

"I did it for you, Jim," Carol said.

He looked at her eyes and saw the love there.

"I know Carol. I know." But what did he *really* know? What could he be sure of now? "I just … I need to sort this out. I need to take a walk." […] (753 words)

F. Paul Wilson, Reborn*, Borderlands Press, New York 1990, pp. 190–192*

1 *fait accompli:* French phrase commonly used to describe an action which is completed before those affected by it are in a position to object to it

Assignments

1. Sketch Jim's fears and Carol's reassurances in this situation. *(20 %)*
2. Analyse the means and strategies the author employs to portray Jim's chaos of emotions despite Carol's attempts to calm him down. *(40 %)*
3. The journalist Gerry Becker, a friend of the Stevens', finds the journals. Without their consent, he uses the information to write an article entitled "World-renowned scientist leaves estate to self!" focusing on possible benefits and risks of cloning people for society.

   Write Gerry Becker's article for a quality newspaper, using your background knowledge. *(40 %)*

Lösungsvorschläge

1. *For this assignment, you are supposed to outline ("sketch") the required information. This means you have to summarise it, using your own words and restructuring the original text if necessary. Avoid any quotations, speculation or personal comment.*

   As a first step, you could start by collecting the most important facts from the text. In this example, these would be:
   - *protagonists: Jim Stevens, his wife Carol*
   - *initial situation: Jim has found out that he is a genetic scientist's clone*
   - ***Jim's fears:***
     - *initial shock at finding Dr Hanley's diaries missing (cf. ll. 2–8)*
     - *Carol might have found out about him being a clone by reading the journals as well (cf. ll. 11–22)*
     - *Carol might not believe he did not know about his unusual origins (cf. ll. 23–28)*
     - *he is not an individual but a scientific experiment/a part of Dr Hanley (cf. ll. 30, 32, 34)*
     - *other people's possible reaction on finding out the truth: he might be shunned by society (cf. l. 37)*
     - *his whole world has been turned upside down (cf. ll. 72/73)*
   - ***Carol's reassurances:***
     - *she loves him (cf. ll. 17, 26, 31)*
     - *he is an individual, the doctor's "twin", not an aberration (cf. ll. 30–33)*
     - *she has destroyed the journals, so nobody will ever find out (cf. ll. 38–44)*
     - *without the journals, Jim can move on (cf. ll. 55–61)*

   After collecting the information, you should turn it into a coherent text. As far as the structure of your text is concerned, you can either focus on Jim's fears first and address Carol's reassurances in another paragraph, or you can copy the chronology of the text and juxtapose Jim's and Carol's behaviour directly. The sample solution uses the former approach.

In the excerpt from F. Paul Wilson's novel *Reborn*, which was published in New York in 1990, the protagonist Jim Stevens has just found out that he is a genetic scientist's clone. He knows this from Dr Hanley's journals and is deeply shocked at finding these diaries missing. — initial situation

His terror intensifies when he fears that his wife Carol might have found out the truth about his origins by reading the journals as well. He worries that she might not believe he did not know he was a clone before they got married. With this new knowledge, he does not feel like a person anymore but rather like a scientific experiment. That is why he is also afraid of other people shunning him if the truth were revealed. All in all, he feels as if his whole — **Jim's fears** world has been turned upside down and he cannot trust in anything anymore.

Carol's reassurances

Carol tries to assuage her husband's fears by declaring her love for him and assuring him that his individuality is unquestioned. She normalises his condition by likening him to a twin of Dr Hanley's rather than an aberration. In their subsequent conversation, Carol also dismisses Jim's fears about other people's reactions to his origins. She points out that she has destroyed the journals so no one can ever find out the truth. In Carol's opinion, the existence of the journals has put a burden on Jim's life, so their destruction was necessary for him to be able to move on. *(249 words)*

2. *This task focuses on Jim's feelings and the strategies the author employs to reflect them. To begin with, you should examine the text for stylistic devices, such as a particular choice of words or word fields, a preponderance of certain grammatical structures or the use of images, that contribute to a sense of emotional distress. Underline or otherwise mark parts of the text that strike you as interesting in order to be able to find them quickly and quote them in your analysis. Keep in mind that for a good analysis, you must not only identify the author's strategies but also point out the intention behind them being employed. Furthermore, it makes sense to group several findings together when they serve a similar purpose.*
   The sample solution is structured by focusing on Jim's different emotional states throughout the text:
   - ***Jim's fear of being detected:***
     - *Jim's panic when finding the diaries missing:*
       - *interior monologue full of silent exclamations: "They weren't there!" (l. 3); short elliptical "Gone!" (l. 6)*
       - *verbs that express fast, panicked movements: "He jumped up" (ll. 4/5); "His heart thudding in his throat, Jim hurried down the short hall" (l. 7); "He rushed into the kitchen." (l. 13)*
     - *shock when suspecting that Carol has found the diaries:*
       - *interior monologue as well as direct speech reflecting Jim's panic: "She must have taken the journals! She must have read them!* No!*" (ll. 11/12); "Carol, the books! Where are they?" (l. 14); "The journals – did you take them?" (l. 20)*
       - *simile: "Jim felt as if the floor were giving way beneath him." (l. 22)*
   - ***Jim's despair at his origins:***
     - *desperate protestations of innocence: manifold use of the personal pronoun "I", intensifiers and repetition:*
       - *"Oh, I'm so sorry, Carol. I didn't know, really I didn't. I never would have married you if I'd known." (ll. 23/24)*
       - *"Yes! I swear I didn't know!" (l. 28)*
     - *increasing despair and incredulity at Carol's calmness: elliptical sentence structure, repetition and contradiction:*

    - *"What difference? How can you say that?" (l. 30)*
    - *"Why not? Everybody else will!" (l. 37)*
  - *self-deprecation by comparison:*
    - *"I'm a freak! A scientific experiment!" (l. 30)*
    - *"I'm more like a tumor. That's what I am – a fucking tumor!" (l. 34)*
- ***Jim's despair and confusion turning into anger:***
  - *anger building up and exploding:*
    - *comparative structure: "Suddenly he was angry. More than angry. He was enraged." (l. 48)*
    - *angry outburst with elliptical sentences and graphic language: "You had no right! No goddamn right! Those journals were mine!" (l. 49)*
    - *repetition: "She was so cool, so composed, so utterly remorseless." (l. 52)*
    - *angry rhetorical question: "How could you?" (l. 54)*
  - *lingering anger:*
    - *contrast: Carol's long rational discourse (cf. ll. 55–61) vs. Jim's clipped retorts (cf. ll. 64, 72/73)*
    - *metaphors: "The cool logic of her words was worming its way past his anger, damping it but not dousing it." (ll. 62/63)*
    - *intensifications: "After all, they had been* his *journals.* His *legacy." (l. 63)*
    - *rhetorical questions: "But what did he* really *know? What could he be sure of now?" (ll. 72/73)*

introduction

In this excerpt from his novel *Reborn*, the author F. Paul Wilson has his protagonist experience a chaos of emotions. Jim feels a mixture of fear, despair and anger, which is reflected in the language Wilson uses.

Jim's fear of being detected:
Jim's panic when finding the diaries missing

The first strong emotion which becomes manifest in the excerpt is anxiety. Jim's fear of being detected is reflected in his reaction when he cannot find the doctor's journals: his frantic thoughts are delivered as a kind of interior monologue consisting of silent exclamations, such as "They weren't there!" (l. 3) or the short elliptical "Gone!" (l. 6). The scene's tension is further heightened by the use of numerous verbs that bring to mind fast, panicked movements: Jim "jump[s] up" (ll. 4/5) from the couch, "[h]is heart thud[s] in his throat" (l. 7), he "hurrie[s] down the short hall" (l. 7) and "rushe[s] into the kitchen" (l. 13).

shock when suspecting that Carol has found the diaries

The possibility that his wife Carol might have found and read the journals derails Jim even more: he again ponders internally that it is unusual for his wife to be at home at all, his thoughts culminating in this realisation: "She must have taken the journals! She must have read them! *No!*" (ll. 11/12) Similar to his inner thoughts, Jim also addresses Carol directly in two repetitive and partly elliptical questions: "Carol, the books! Where are they?" (l. 14) and "The journals – did you take them?" (l. 20) His near incoherence clearly shows his mounting panic. When Jim's wife confirms his suspicions, the simile that Jim feels "as if the floor were giving way beneath him" (l. 22) makes his shock palpable because it is compared to a physical sensation.

Jim's despair at his origins

Now that his worst fears have come true, Jim's state of mind becomes desperate: his frequent use of the personal pronoun "I" as well as his repetitive protestations of ignorance and innocence (cf. ll. 23/24, 28) show how bad and irreconcilable with his "normal" marriage he perceives his situation to be. This is also reflected in his constant opposition to Carol's attempts at appeasing him: when she tries to tell him calmly that for her it does not make a difference that he is a clone (cf. ll. 25, 29), he blurts out in disbelief: "What difference? How can you say that?" (l. 30) Moreover, Jim compares himself self-deprecatingly to "a freak! A scientific experiment!" (l. 30) and even "a tumor" (l. 34). This last simile is further stressed by repetition and by adding a swearword: "That's what I am – a fucking tumor!" (l. 34) When even Carol loses her temper and says that she will not let him talk himself down like that (cf. ll. 35/36), his primary feeling seems to be desperate incredulity again because he retorts, "Why not? Everybody else will!" (l. 37).

Jim's despair and confusion turning into anger:
anger building up and exploding

As their conversation continues, Jim's desperation makes him increasingly furious. This is shown by the comparative structure, "Suddenly he was angry. More than angry. He was enraged." (l. 48), and especially by Jim's outburst whose elliptical structure and graphic language illustrate his emotional turmoil: "You had no right! No goddamn right! Those journals were mine!" (l. 49) Jim's agitation is so strong that Carol's calm behaviour irritates rather than soothes him. Once more, both the protagonist's thoughts about his wife ("She was so cool, so composed, so utterly remorseless.", l. 52) and the words he says to her ("How could you?", l. 54) illustrate his anger and frustration.

lingering anger

All of Carol's attempts at appeasing her husband are only partly successful, which becomes apparent when contrasting Carol's long, rational explanation of her destruction of the diaries (cf. ll. 55–61) with Jim's clipped retorts (cf. ll. 64, 72/73). Jim is still not entirely convinced and continues to smart over his loss of agency because Carol has taken the decision about what to do with the diaries out of his hands. The author emphasises this by using metaphors that liken Carol's rational attitude to a living creature that "worm[s] its way past his anger" (l. 62), while Jim's anger is compared to a fire that can be "damp[ed]" but not "dous[ed]" (l. 63). Jim's lingering fury and doubts are also reflected in the intensification in his inner monologue that "they had been *his* journals. *His* legacy." (l. 63) and in the questions that still dominate his thoughts, "But what did he *really* know? What could he be sure of now?" (ll. 72/73). So, despite all of Carol's efforts, Jim seems to remain insecure about his identity and his future.

(753 words)

3. *In a creative assignment like this, you have to focus on several things: you should demonstrate your writing skills in creating a suitable text as required by the assignment. When it comes to content, you should refer to the fictional situation you are given as well as put forth your background knowledge on the subject of cloning. Here, the requested text type is an article for a quality newspaper. Consequently, your text should include these aspects:*
   - *a catchy but not too sensationalist title (already given in the assignment), optionally you could also include the date of publication and the name of the author*
   - *structure:*
     - ***introduction** (to arouse the readers' interest, to present the basic information)*
     - ***main part** with paragraphs (to present your arguments)*
     - ***conclusion** (opportunity for a future outlook or an appeal to the readers)*
   - *role: journalist for a quality newspaper, writing for an anonymous audience*

   The content of the main body of your text depends on your attitude towards the subject of cloning. So, before you start writing you should collect ideas about risks and benefits of cloning people, beginning with the ideas put forth in the excerpt. This will help you make up your mind about the subject and decide on the stance you want to take. Remember, however, that you are writing from a fictional perspective, in this case Gerry Becker's. So, the attitude you express need not necessarily be your own, but the one you find easier or more interesting to elaborate on in this context. Your introduction should either end with your main thesis, i. e. your (fictional) opinion on human cloning, or with a question that is answered in the course of the article. In the conclusion, you can round off the arguments discussed or refer back to a point made in the introduction.

   The sample solution includes the following points:
   - ***introduction:** references to the excerpt: after inheriting Dr Hanley's estate, Jim Stevens has discovered from the scientist's journals that he is Dr Hanley's clone*
   - ***main part:** human cloning as science gone mad or as beneficial?*
     - ***arguments against human cloning:***
       - *risk of psychological problems and identity crises for the clones*
       - *risk of discrimination against naturally conceived children or clones: two-tier society*
     - ***arguments for human cloning:***
       - *genetics are only one part of a person's development: clones are individuals as well*
       - *health benefits of having "twins" that are a perfect match genetically*
   - ***conclusion:** appeal to hail Dr Hanley's achievement and outlook on a brighter future*

   Depending on the topics covered in your lessons, you might also want to cover different aspects not listed here (e. g. further counterarguments: cloning human beings is like "playing God", danger of "designer babies" and not accepting people with all their flaws, who gets to decide what a desirable characteristic is?; further arguments in favour: reduplicating positive traits could be beneficial = natural evolution processes accelerated, scientific progress especially important in the light of many of the challenges society faces). Remember that it is better to focus on a few select aspects instead of just superficially touching on a large number of issues.

World-renowned scientist leaves estate to self!
Gerry Becker for *The Independent Chronicle*
10th May 2022

title

When the world-renowned geneticist Dr Roderick Hanley died recently, his family was taken by surprise by his will. The scientist bequeathed his considerable estate and assets not to his relatives, but to Jim Stevens, a man hitherto unknown to them. *The Independent Chronicle*'s investigations have now uncovered the deceased geneticist's journals, revealing that Mr Stevens is in fact Dr Hanley's clone. Hence, to put it provocatively, Dr Hanley has actually left his belongings to himself. In this, he has succeeded in a feat that has long been considered impossible, namely human cloning. Apart from the tabloids' sniggering over disappointed heirs, this news raises a bigger debate as well: should Mr Hanley's feat be celebrated as a breathtaking scientific breakthrough or are we looking at the slippery slope of science gone mad?

introduction: references to the excerpt

Mr Stevens, the unsuspecting beneficiary of Roderick Hanley's will, seems to tend towards the latter opinion. According to our research, he tried to keep Dr Hanley's journals secret because he feared a public outcry on their revelation. Sources close to Mr Stevens claim that he suffered a severe identity crisis upon learning of his origins. This is a problem many ethicists have always predicted: if not handled carefully, the knowledge that they have been cloned from a donor might pose a serious threat to a person's mental health. They might feel as if they are a mere copy of someone else or a purpose-built tool designed to fulfil a particular function, which would then cause them to question their own individuality. Persistent psychological problems could be a potential consequence.

main part: arguments against human cloning: psychological problems for the clones

On a larger scale, the wider use of human cloning could also damage society as a whole. Fear and distrust of cloned people could lead to discrimination against them if they are not regarded as real people holding the same rights as those conceived naturally. In another futuristic and threatening scenario the physical or intellectual superiority of clones created from a specific, elitist "gene pool" could cause them to become dominant in society. So, both legal problems concerning the status of clones and conflict in a two-tier society would seem inevitable, with clones and naturally

risk of a two-tier society

conceived individuals set against each other in a very unequal race of evolutionary arms.

arguments for human cloning

Although this might sound frightening at first glance, the time for doom-mongers has not yet come. Some of the warnings by critics could indeed be mere scaremongering and there might be more benefits to Dr Hanley's achievement than the entertainment value of watching his kinsfolk being snubbed. Human cloning must be liberated from the taboo status that has been created around it, as it can offer multiple benefits for society at large that outweigh the seeming drawbacks.

clones are individuals as well

First of all, if seen realistically, a human clone might share all genetic characteristics with the donor, but that is also true of identical twins. Who would go so far as to deny twins their individualism and humanity? It is not only genes that influence who we become but environmental factors, our own decisions and resulting developments as well. So, maybe it is high time we removed the sensationalist aura associated with human cloning and saw it as no more or less than another opportunity to bring new life onto earth. So, forgive me for my inappropriate and provocative headline: of course, Dr Hanley did not leave his estate to his own self, because no other human being, no matter how genetically similar, could ever be another Dr Roderick Hanley.

health benefits of having "twins" that are a perfect match genetically

If we were open-minded enough to accept this premise, we could also start to unleash the incredible potential for good that human cloning offers. On a superficial level, the idea of creating people for a specific purpose sounds horrific, but what if this purpose were to heal others? Let us consider for a moment the implications for inter-human organ transplants or other medical treatments: so far, progress in genetic engineering has often been hampered by ethical concerns about using discarded embryos from infertility treatments. Human cloning could make it unnecessary to exploit these embryos – potential humans, so to speak – as material for experiments with a success rate that is more than uncertain because instead, donors and clones would already be perfect genetic matches. So, in the case of a liver defect for example, one could act as a lifesaver for the other. This would not only save precious time formerly wasted on finding a matching organ donor, but also reduce costs currently spent on treating patients with liver failure. Of course, there would have to be safeguards in place to prevent unethical exploitation of clones, but ideally the organ donation would be the decision of a legally competent adult saving the life of their closest family member rather than the harvesting of an unwitting embryo that is to be disposed of later.

So, I do not say that human cloning is without its risks, but that we should not automatically discard the possibilities it could offer. As I see it, Roderick Hanley has done us all a great favour, not only by entertaining us with his testamentary coup but also by opening the door to a brighter future with a chance for more effective medical methods. So hopefully, when Mr Stevens starts to count his blessings and moves into his new estate, he will be able to demonstrate that a human clone does not necessarily fare worse than a person who was conceived naturally. We can therefore start to honour Dr Hanley's memory as a scientific visionary who allowed us to remove our blinkers when it comes to human cloning. *(926 words)*

conclusion: appeal to hail Dr Hanley's achievement

Adam Rutherford, "DNA Ancestry Tests May Look Cheap. But Your Data Is The Price."

Do customers realise that genetic genealogy companies like 23andMe profit by amassing huge biological datasets?

In 1884, at the International Health Exhibition in South Kensington, four million punters came to view the latest scientific marvels: drainage systems, flushing toilets and electrically illuminated fountains. There, the scientist Francis Galton[1] set up the Anthropometric Laboratory, where common folk would pay 3d (around 80p today) to enter, and anonymously fill out a data card. Galton's technicians recorded 11 metrics, including height, hair colour, keenness of sight, punch strength and colour perception, and the ability to hear high-pitched noises, tested via whistles made by Messrs Tisley & Co[2], Brompton Road. Over the course of a week, 9,337 people went home with some trivial information about themselves, and Galton amassed the largest dataset of human characteristics ever compiled up to that time – and a stack of cash.

There is nothing new under the sun. In the past decade, millions of punters have parted with their cash and a vial of saliva, and in exchange they received some information about their DNA. Our genomes are a treasure trove of biological data, and an industry has sprung up to sell products based on our newfound ability to quickly and cheaply read and interpret DNA.

The biggest of these companies is 23andMe: five million paying customers since 2006, usually nosing for clues about their ancestry. Unlike most genetic genealogy companies, 23andMe also offers health-related information, on traits such as eye colour, predisposition to a handful of diseases, and the tendency to puke when drinking alcohol.

As with Galton's scheme, 23andMe was never interested in your personal history or your eyes. What it wants is to own and curate the biggest biological dataset in the world. So it was no surprise when the company announced a $ 300 m (£ 233 m) deal with pharmaceutical mammoth GlaxoSmithKline last month to develop drugs based on the data you paid to give them. This is not illegal in any way. 23andMe told users that it was planning to do this, and in 2015 had done something similar, but on a smaller scale, concerning Parkinson's disease. The new deal is the biggest commercial venture of its sort so far.

This is all unknown territory, and warrants serious thought by regulators as well as by customers. 23andMe is unambiguous about its plans: board member Patrick Chung told *Fast Company* in 2013: "Once you have the data, [the company] does actually become the Google of personalised healthcare." Genomes can be mined for subtleties that only become visible with such voluminous data. I've little doubt that interesting science will emerge from this, and new drugs may well be developed to treat awful diseases. I also have no doubt that these drugs will be sold back to you.

By buying into 23andMe you are not a consumer or user, you are in fact the product. Again, 23andMe was explicit about this, and gave all its customers the option of not giving up their genomic data to commercial ventures beyond their control. But of the five million people on its database, more than four million did not opt out, and their data is now fair game. By tinkering with some fun ancestry trinkets, you relinquish control over information that is unique to you, and allow it to become a commodity to be traded.

The concerns this raises are similar to many of those created by our new online lives: privacy, data breaches, security, anonymisation. It hasn't happened yet, but can genome data held by private companies be stolen, or de-anonymised? Concerns about the potential discriminatory use of personal genomics by insurance companies are well founded. There's no clear pattern of how insurers will or can use information from genetic tests in assessing life cover, but at least in the US, they are entitled to demand medical records, including details of inherited predispositions to particular diseases.

Can information in these databases be subpoenaed? Earlier this year, an open-access genealogy database was used to solve a series of decades-old crimes. The prolific American murderer and rapist known as the Golden State Killer was identified after a genetic profile from a 1980 crime scene was uploaded to a website called GEDmatch. Amateur sleuths constructed a family tree that within a few days identified 72-year-old former police officer Joseph James De Angelo, whose identity was confirmed by secret collection of DNA samples from his rubbish and the door handle of his car. The outcome may represent justice long overdue, but the methods represent an ethical minefield.

In short: if you really want to spend your cash to discover that you are descended from Vikings (spoiler: if you have European ancestry, you are) or you have blue eyes (try a mirror), go ahead. But be aware of what you are really giving up, and consider the potential risks if things go wrong.

Twenty-five years ago, the fictional potential of DNA was revealed to the world in *Jurassic Park*[3]. Resurrected dinosaurs are never going to happen – DNA is robust, but only over hundreds, thousands, or hundreds of thousands of years at the very most, not the 66 m[4] required for a sample of dinosaur genome. In reality, the wonders of modern genetics continue to transform science and society in unpredictable ways. But the moral core of those films – Dr Ian Malcolm, played by Jeff Goldblum – can still teach us something. He is cynical and refuses to be bewitched by the spectacle.

"Don't you see the danger inherent in what you're doing here," he warns. "Genetic power is the most awesome force the planet's ever seen, but you wield it like a kid that's found his dad's gun." (944 words)

Rutherford, A. (2018). "DNA Ancestry Tests May Look Cheap. But Your Data is the Price." The Guardian, *August 10, 2018. https://www.theguardian.com/commentisfree/2018/aug/10/dna-ancestry-tests-cheap-data-price-companies-23andme [accessed: 26 October 2019] Copyright Guardian News & Media Ltd 2022*

1 *Francis Galton:* Sir Francis Galton (1822–1911), English scientist
2 *Messrs Tisley & Co:* name of a company in London
3 *Jurassic Park:* title of a movie released in 1993
4 *m:* (abbr.) million

Cartoon

© *slanecartoon.com*

5 *subject to:* depending on sth in order to be completed or agreed

Assignments

1. Outline Rutherford's observations on mail-in DNA tests and the concerns he expresses. *(30 %)*

2. Analyse how the author tries to raise the readers' awareness of the implications of DNA testing. *(40 %)*

3. Choose **one** of the following tasks: *(30 %)*

3.1 "In reality, the wonders of modern genetics continue to transform science and society in unpredictable ways." (ll. 67/68)

The author of the article, Adam Rutherford, runs the blog *Science Matters* and asks his readers to contribute. Referring to the statement above, write a blog entry assessing opportunities and challenges in the field of genetic engineering.

3.2 Using the message of the cartoon as a starting point, discuss to what extent people's private lives will change in the future.

Lösungsvorschläge

1. *Summarise what the author generally writes about DNA tests first and in a second step, focus on the concerns he raises, i. e. on points he considers worrying. Do not quote from the article and instead use your own words to express the most important aspects. Additionally, stick to the facts and do not interpret the text at this point. The following points could come up in your answer:*
   - ***facts about private DNA tests:***
     - *people's interest in finding out details about themselves (cf. ll. 10/11, 13–15, 18/19)*
     - *easy and quick access to DNA data (cf. ll. 16/17)*
     - *big business in data collections (cf. ll. 25–30, 37)*
   - ***Rutherford's concerns:***
     - *risks outweigh benefits of data collections, such as invention of drugs or progress in the justice system (cf. ll. 35–37, 57/58)*
     - *people lose control over their data in return for trivial information (cf. ll. 38–43, 60–63)*
     - *possible abuse (insurance companies, legal system) (cf. ll. 44–50, 51–59)*

private DNA tests

In his article "DNA Ancestry Tests May Look Cheap. But Your Data is the Price", published in 2018 in the British quality paper *The Guardian*, Adam Rutherford comments on the problem of millions of people freely sharing their biological data with genealogy networks and even paying money for DNA analyses. Their interest in finding out details about themselves and the increasingly easy ways of sampling and interpreting DNA are responsible for a real industry springing up where people's genetic data are used for research, but particularly for financial gain.

Rutherford's concerns

On the one hand, some beneficial developments could result from these huge collections of data: For instance, they could help to solve crimes and develop effective medicine. Yet, by focussing on the mainly monetary interests of the DNA testing companies, Rutherford points out that these benefits as well as the trivial information people receive are far outweighed by the risk that personal data could be misused, for example by health insurance companies or in court. To Rutherford this is a likely development because there are no clear regulations as to what companies are allowed to do with the data they collect. That said, he also criticises the carelessness of people who submit their data without proper safeguards in place. *(208 words)*

2. *As you have already found out for task 1, Adam Rutherford is rather critical of genealogy websites and has several concerns when it comes to this topic. Now you have to go one step further and analyse <u>how</u> he voices these concerns and his sceptical attitude in his article in order to persuade his readers to be critical of the developments too.*
Possible aspects of your analysis might include:
– ***headline** to arouse interest:*
  - *juxtaposition: "DNA Ancestry Tests May Look Cheap" / "But Your Data is the Price"*
  - *reader addressed directly (cf. also ll. 23/24, 60–63)*
– ***historical example** of International Health Exhibition (cf. ll. 1–12) and parallels to today's databanks:*
  - *"trivial information" (l. 11) vs. "stack of cash" (l. 12)*
  - *further fiscal and business expressions: metaphor "treasure trove" (l. 15), "the product" (l. 38), "a commodity to be traded" (l. 43)*
  - *commonplace: "There is nothing new under the sun." (l. 13)*
– ***ironic, sarcastic tone** to criticise the DNA testing companies and particularly the gullible customers sharing their data:*
  - *high number of "five million paying customers" (l. 18) vs. trivial results: "predisposition to a handful of diseases, and the tendency to puke when drinking alcohol" (ll. 21/22)*
  - *words to describe people's naive, almost stupid dealings with genealogy websites: "nosing for" (l. 19), "tinkering with some fun ancestry trinkets" (l. 42)*
  - *paternalistic, ridiculing piece of advice: "if you really want to spend your cash to discover that you are descended from Vikings (spoiler: if you have European ancestry, you are) or you have blue eyes (try a mirror), go ahead. But be aware of what you are really giving up, and consider the potential risks if things go wrong." (ll. 60–63) → you lose much more than you can gain*
– *raising awareness of the **dangers of genetic databanks**:*
  - *dimensions: "it was no surprise when the company announced a \$300 m (£233 m) deal with pharmaceutical mammoth GlaxoSmithKline" (ll. 25/26)*
  - *enumeration of what is at stake ("privacy, data breaches, security, anonymisation", l. 45), enumeration seemingly continuable*
  - *open questions that show the insecure legal situation ("can genome data held by private companies be stolen, or de-anonymised?", ll. 45/46; "Can information in these databases be subpoenaed?", l. 51)*
  - *metaphor "ethical minefield" (ll. 58/59) evoking danger*
  - *threatening example from film* Jurassic Park *and simile that shows the naive use of genetic power by most ("you wield it like a kid that's found his dad's gun", ll. 72/73)*

headline:
juxtaposition

Starting from the title of his article, Rutherford leaves no doubt as to where his text is headed. He provokes the reader to be critical of submitting their data to companies like 23andMe by using the juxtaposition of "DNA Ancestry Tests May Look Cheap" and

"But Your Data is the Price". The modal verb "may" casts doubt on the idea of cheapness. These reservations are then proved correct by the real price people pay for an ancestry test, which is not money but their data.

The deliberate use of the possessive determiner "your" leads the reader to expect a personal warning. Throughout the article, Rutherford reverts to the strategy of speaking directly to his reader, for instance in lines 23 and 24 and particularly in the paragraph from line 60 onwards.

reader addressed directly

However, rather in contrast to this personal style, Rutherford starts his article with a historical anecdote from the 19th century (cf. ll. 1–12). Apparently far-fetched, this arouses the reader's curiosity, as they wonder what a health exhibition from 1884 has to do with the topic of modern genetics. The question is resolved quickly when Rutherford summarises how the exhibition helped to create "the largest dataset of human characteristics ever compiled up to that time" (ll. 11/12). The last sentence of the second paragraph further sets the stage for what is to come: By contrasting the "trivial information" (l. 11) people got with the "stack of cash" (l. 12) Francis Galton gained in return, the real purpose of the data collection is highlighted.

historical example

The use of fiscal expressions is continued when Rutherford compares the information forwarded by the unexpecting customers to a "treasure trove" (l. 15). This conjures up the image of bounty stolen by pirates, in other words, of something acquired under more than dubious circumstances. The word field of business is taken up again when people and their data are called "the product" (l. 38) or "a commodity" (l. 43) genealogical companies deal with.

fiscal and business expressions

To stress the connection between his historical example and the genealogy companies of the 21st century, Rutherford employs the commonplace expression "There is nothing new under the sun" (l. 13). This is a somehow weary admission that while humankind has seemingly moved on, people are still quite easily cheated out of their personal data under false pretences – just like 140 years ago.

commonplace

One of Rutherford's main strategies is to criticise the DNA testing companies and especially the naivety of the people who willingly support their exploitative practices although they should know better (cf. ll. 32, 39–42). Using an ironic, even sarcastic tone, Rutherford belittles the achievements of 23andMe when he writes that despite the incredible number of "five million paying customers" (l. 18), the company can only predict a probability for "a handful of diseases, and the tendency to puke when drinking alco-

ironic, sarcastic tone to criticise databanks and their customers: high number of customers vs. trivial results

hol" (ll. 21/22). The latter in particular is a scathing remark exposing the triviality of the information customers get in return for their data.

There are several more examples of Rutherford criticising people's carelessness, which borders on stupidity. He calls their involvement with genealogy companies "nosing for clues about their ancestry" (l. 19), thereby evoking an image of an exaggerated interest in trivialities. In a similar way, he employs the alliteration "tinkering with some fun ancestry trinkets" (l. 42), which in its casual and playful tone is ironic and demeaning.

words that express naivety

Rutherford's ridiculing strategy culminates in the highly sarcastic, paternalistic piece of advice he gives in lines 60 to 63. It is formulated as if Rutherford were talking to a child, with phrases like "In short" and "spoiler" as well as the superfluous tip to "try a mirror" if one wants to find out their eye colour. Apparently, the tests offer nothing really valuable and are instead just a clever trick to cheat gullible people out of their money and data.

highly ironic piece of advice

In contrast to the playfulness of the previous examples, Rutherford also clearly alludes to the dangers he connects with the processing of people's genetic data. First of all, the enormous size and reach of the commercial ventures behind DNA testing are addressed when he cites the several hundred million dollar deal (cf. ll. 25/26) that 23andMe has struck with a pharmaceutical company. By further calling the company a "pharmaceutical mammoth" (l. 26), the author evokes something scary, potentially dangerous and difficult to control.

raising awareness of the **dangers of genetic databanks:** dimension of business deal

Moreover, Rutherford points out only some of the dangers people should be aware of in an urgent enumeration (cf. l. 45), the unconnected structure of which hints at the fact that lots more could be added to it. The same urgency and fear are expressed in the questions the author asks (cf. ll. 45/46, 51). That he is not able to give a satisfactory answer makes it clear that a safety net of regulations is still lacking. The metaphor "ethical minefield" (ll. 58/59) clearly evokes feelings of danger as well.

enumeration of dangers and unanswered questions

Rutherford ends his article on another serious and sombre note: By referring to *Jurassic Park* and leaving the last words of the article to a sceptical character from the film (cf. ll. 71–73), Rutherford corroborates his argument that DNA is nothing to be played with. This becomes particularly obvious in the comparison of genetic engineering to a gun in the hands of a child. Together with the violence and destruction unleashed in *Jurassic Park*, this image evokes a strong reaction in the reader's mind, appealing to both their intellect and their emotions. This way the arguments Rutherford puts forward might sink in even more deeply.

Jurassic Park example

(923 words)

3.1 *For a task like this, keep in mind the text form for which you need to write, in this case a science blog. So, you should include typical blog elements, such as a heading (optional), an introduction, in which you can refer to the article you are commenting on, some addresses to the readers of the blog, etc. You can employ some colloquial expressions, but as a topic of scientific interest is being discussed, the use of technical terms and a more sophisticated language is also advisable.*
As you are supposed to consider opportunities and challenges, make sure to throw light on both positive and negative aspects of genetic engineering. You can refer to different fields, in which gene technology is employed, such as agriculture, medicine, etc. Of course, you are free to express your own opinion, which may be either critical or supportive, but only after carefully evaluating both pros and cons.
The following points are part of the sample solution:
- *(optional) heading*
- ***introduction** (specific for text form): address to the readers, reference to the article/quote*
- ***main part:** discussion of opportunities and challenges in the field of genetic engineering*
  - ***agriculture: pro-arguments:***
    - *genetic engineering can help plants and animals adapt to changing climates*
    - *genetically modified organisms can alleviate world hunger*
  - ***agriculture: counterarguments:***
    - *danger of economic and political abuse (e. g. patents on genetically modified plants)*
    - *unintentional consequences of GM organisms*
  - ***medicine: counterarguments:***
    - *horror visions of "designer babies" and genetically enhanced breeds of humans*
    - *discrimination due to knowledge about genetic predispositions coming into the wrong hands*
  - ***medicine: pro-arguments:***
    - *genetic engineering can be used in research*
    - *genetic engineering can be used in treatment of diseases*
- ***conclusion** (specific for text form): genetic engineering should not be demonised, viable compromises must be found, appeal to readers to send in suggestions*

Modern genetics – a world between heaven and hell heading

Hey you science-nerds out there, **introduction**

Ever since I read Mr Rutherford's *Guardian* piece "DNA Ancestry Tests May Look Cheap. But Your Data is the Price", I have been following this blog with great interest. In his article, Mr Rutherford remarks that "the wonders of modern genetics continue to transform science and society in unpredictable ways". For me, this sentence contains the whole two-faced truth about modern genetics, the methods of which are indeed a cause for wonder, but in their often unpredictable outcomes, they may also pose a great danger. So, I would like to take the opportunity to share my own admiration and concerns about genetic engineering with you.

main part: agriculture pro-arguments: fight against world hunger and climate change

Let me start by stating that overall, I welcome genetic engineering as a means to make the world a better place. Just look at some of the possibilities it opens up in the field of agriculture: scientists can now create heat-resistant plants which grow under unfavourable conditions as well as fish species that thrive even in polluted water and tolerate a certain lack of oxygen. Furthermore, as genetically modified plants are supposed to use less water and need fewer pesticides, they could be grown in a much more environmentally friendly way. Against the backdrop of an ever-growing world population and drastic climate change, particularly in the poorest areas of our planet, these inventions might alleviate the problem of starvation and save millions of lives. So, when genetic engineering follows a clearly defined humanitarian goal, this is certainly to be welcomed. Don't you agree?

counterarguments: economic and political abuse

I can immediately hear lots of critical objections and to a large extent, I can even understand them. Too often, patents for genetically modified plants have become commodities sold to the highest bidder or have been used as political and economic leverage. When genetic engineering is weaponised and used to make the rich even richer and the poor not necessarily better off, political communities must stay alert and pass national as well as international laws that can effectively prevent abuse.

unintentional consequences of GM organisms

They must also act responsibly to avoid unintentional harm that genetically modified plants or animals could cause. We do not want to end up like Frankenstein and be destroyed by a monster we ourselves have created. This could easily happen when the new "superspecies" grow completely out of our control, multiply in an unrestrained way and thereby threaten biodiversity. So, safeguards must always be in place, and we should only let loose those scientific inventions that have proved safe.

medicine: counterarguments: horror vision of genetically engineered humans

This is even more pressing when it comes to genetic modifications in humans. In the field of medicine, we should definitely ask for caution and for maximum transparency as to what is happening in laboratories and hospitals. We should also put our feet down firmly when a line is being crossed. Imagining that there could be so-called "designer babies", who are only accepted if they are absolutely flawless, and, even worse, humans that are bred for a certain purpose, such as to work as genetically enhanced supersoldiers, for instance, fills me like millions of others with understandable horror.

A similarly threatening outlook is a complete knowledge of people's medical conditions when in the wrong hands. In his article, Rutherford mentions that insurance companies could make use of genetic data to ask for higher premiums of people who have any known predisposition to ill health. They could even decide not to insure them at all. If this is taken further, not only insurance companies, but also employers and other decision-makers will know everything about our DNA profiles. This could easily create discriminatory practices on a gigantic scale.

discrimination due to genetic data coming to the wrong hands

And yet, it is exactly in the medical sector where I see genetic engineering's biggest potential for good. In my opinion, it is only through thorough research that we can hope to one day win the battle against horrible diseases such as cancer and Parkinson's. To reach this desirable goal, we should be able to use the full array of scientific methods and certainly not shrink away from the tremendous opportunities stem cell research and other applications of genetic engineering can offer.

pro-arguments: research into diseases

These opportunities do not only present themselves when it comes to research, but they also come in the form of treatments that could be implemented immediately. Just think of people who desperately need an organ transplant. How much time and suffering we could spare them if all the nerve-wracking searches for suitable donors were no longer necessary because genetically matched organs could quite effortlessly be created in the laboratory.

new treatment methods possible

All in all, I know that genetic engineering is a very complex and highly controversial topic. Yet, in my opinion, we should not automatically buy into the worst horror scenarios and thereby hinder all the possible benefits from becoming apparent. Maybe there can be a clever compromise between necessary safeguards and regulations and a certain freedom to experiment with the new possibilities. Please feel free to comment on this post and send me your ideas. Then we can start, at least on a small scale, to have the balanced and open discussion that is so urgently needed when it comes to genetic engineering. *(860 words)*

conclusion

3.2 *This task combines two different steps: You should first of all briefly describe and interpret the cartoon before you use it as a starting point for an assessment of how scientific and technological inventions will influence people's future private lives. Assessing something means that you should take into account both positive and negative repercussions and come to a justified conclusion. Of course, there are many different areas of life that could be influenced by science and technology. Living, shopping and risk assessment, for instance, could all take new directions through the influence of smart technology or AI. However, as finding a partner and*

genetic profiling are the main topics of both text and cartoon, these aspects are also discussed in detail in this sample solution.
The following points are mentioned in the sample solution:
- *(optional) heading*
- ***description of the cartoon:** man proposing to woman, who will only agree if the man's credit and DNA profiles are to her liking*
- ***interpretation** of the cartoon's message and transition to assessment: potential availability of a flood of information that can influence many of our decisions to control and optimise our lives/relationships*
- ***assessment** of how our future private lives will be influenced by scientific and technological developments:*
  - *knowing a lot about a prospective partner before an actual commitment can be **beneficial** (e. g. online dating)*
  - ***dangers of complete transparency:***
    - *relationships seen in the context of (self-)optimisation*
    - *soft factors more important than "measurable" DNA markers*
- ***conclusion:** difficulty of not being influenced by flood of information potentially available, but spontaneous and unpredictable encounters still worthwhile*

Will our genetic profile decide who we (can) marry?

heading

The cartoon shows a couple in a private sitting room. Apparently, the man has just proposed to the woman, as can be concluded both from his position kneeling down in front of her and from the text in her speech bubble, which starts with "The answer is yes." What makes the situation unusual and rather humorous is how her reply continues, namely that she will only say yes "subject to the usual credit checks and DNA profile".

description of the cartoon

So, the cartoon seems to allude to a not too distant future, when we might regard it as quite normal to check out our partners in much more detail before committing to them. In a way, this prospect of complete transparency has already become a reality when we think of googling someone we have just met and the amount of data, including very intimate information, that we nowadays share with a potentially large number of people through the use of apps, social media or various tracking devices.

interpretation of the cartoon's message and transition to assessment

On the one hand, this could be seen as a rather positive development because people can easily get in touch with like-minded others. As countless examples of successful relationships which have started on online platforms prove, it can be beneficial to know a lot about the other and match interests, plans for the future and life circumstances before meeting in real life, let alone before making a lasting commitment. This can be particularly pertinent when it comes to knowing someone's financial background. The cartoon alludes to "the usual credit checks" which are nothing new at all. Even in the "good old times", some people

assessment: knowing a lot about a prospective partner beforehand can be **beneficial**

would try and find out if their prospective spouse could contribute financially or if the social background of both partners was more or less equal, which was often considered to lead to a more harmonious union.

dangers of complete transparency

However, this culture of complete transparency could also be seen as dangerous, especially when it comes to health. This is referred to in the second part of the woman's quote in the cartoon. Let us imagine it were that easy to know about a potential spouse's DNA profile: What would it mean for a relationship to be based on factors such as someone's health or ability to produce "perfect" offspring?

relationships seen in the context of (self-)optimisation

This idea puts the already existing tendency of self-optimisation in our society, where weaknesses are perceived as liabilities, to a whole other level: while we already feel the pressure to perform well and fit perfectly into the roles expected from us, it does not sound too far-fetched that we could also apply this competitive thinking to choosing a partner. In other words, a relationship could just be another sphere of life where we want the best that is available. With regard to the millions of people who look for prospective partners on the Net and who already "cheat" by making things up or photoshopping their appearances, the new score for attractiveness that a positive genetic make-up could create is frightening. Not only could it result in discrimination for something as undeserved as a genetic condition, but it would also further change the way we look at relationships. Will we still want the "full package", emotionally and genetically? That is, will we still be prepared to really get to know another human being with all their strengths and weaknesses and to live together in good times and in bad or will we just look at one's genetic profile or other markers of attractiveness and give up on anyone who might be regarded as lacking?

soft factors more important than "measurable" DNA markers

I definitely hope that no matter the possibilities we could theoretically have of finding the "perfect" partner, love will always work in its own mysterious ways. Throughout the ages, people have revolted against the constraints imposed on them by society or their parents and many of the happiest couples are not those who appear to be perfectly matched when regarding external factors. Furthermore, even if genetic profiling might tell you something about a prospective partner, your genes are not your destiny. There are other characteristics that will never be completely codified in your DNA and these might be exactly the things that qualify you as another person's perfect match. What people still value most are the so-called soft factors, qualities such as whether someone has a good sense of humour, is sociable and caring towards others as well as being a loving and affectionate partner in a relationship.

In conclusion, we cannot realistically change the fact that scientific and technological developments will potentially provide us with an ever-increasing amount of information about the world and others. In many respects, we will probably not even want to change that fact, because being enriched by a magnitude of information can make life more comfortable, more effective and in that sense more perfect. What we should remember, however, is that being human is about more than being effective and perfect. A full life will always include uncomfortable situations and individual decisions that can neither be predicted by the most elaborate genetic analysis nor measured by whatever new tracking device there is on the market. So, it will probably become more and more difficult to remain open to spontaneous encounters not anticipated and pre-checked by all possible means, but absolutely worthwhile. *(883 words)* **conclusion**